品牌生态战略
数字化时代的品牌方法论

天进品牌战略咨询机构 冯帼英 ◎著

BRAND ECOSYSTEM STRATEGY

Brand Methodology in the Digital Age

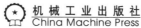
机械工业出版社
China Machine Press

图书在版编目（CIP）数据

品牌生态战略：数字化时代的品牌方法论 / 天进品牌战略咨询机构，冯帼英著． -- 北京：机械工业出版社，2022.5
ISBN 978-7-111-70806-3

I. ①品… II. ①天… ②冯… III. ①品牌营销 IV. ①F713.3

中国版本图书馆 CIP 数据核字（2022）第 083962 号

品牌生态战略：数字化时代的品牌方法论

出版发行：机械工业出版社（北京市西城区百万庄大街 22 号　邮政编码：100037）
责任编辑：孙海亮
责任校对：马荣敏
印　　刷：河北宝昌佳彩印刷有限公司
版　　次：2022 年 7 月第 1 版第 1 次印刷
开　　本：147mm×210mm　1/32
印　　张：8.125
书　　号：ISBN 978-7-111-70806-3
定　　价：89.00 元

客服电话：(010) 88361066　88379833　68326294　　投稿热线：(010) 88379604
华章网站：www.hzbook.com　　　　　　　　　　　　读者信箱：hzjsj@hzbook.com

版权所有·侵权必究
封底无防伪标均为盗版

| 推荐语 |

多彩贵州与天进的合作是一场奇妙的相遇。天进为我们规划品牌战略，我们用5年时间将战略有效落地，使集团平地崛起。在天进的帮助下，我们创建了新商业模式，这种商业模式在全国开了先河。天进在与我们合作时应用的各种方法和技巧均在本书中有所体现。本书值得阅读。

——多彩贵州集团董事长　袁华

感谢天进帮助梳理视源股份旗下的企业服务品牌MAXHUB，打造了具备真正竞争力的差异化战略。本书将天进20多年来的品牌战略咨询及实战经验总结为独特方法论，案例丰富，值得阅读。

——视源股份董事长　黄正聪

2008年，慕思与天进开始了初次品牌定位合作。一年后，慕思超越了同行成为行业的领导品牌。一年后，天进又为慕思做了一次经营战略升级。慕思能有这样的成绩，与天进出色的品牌定位紧密相关。很高兴看到市场上有这样一本将品牌新生态讲得如此系统化的书，值得推荐。

——慕思股份总裁　姚吉庆

本书是天进基于数字经济时代新特征创建的品牌方法论的应用指导手册。数字经济时代，天进继续走在行业前列，不断创新，不断突破，注重成效，注重与新环境、新工具的结合。

——益海嘉里金龙鱼食品营销公司董事长兼总经理　陈波

凭借高效护牙生态系统品牌战略升级，罗曼获得年轻人的青睐，近三年来销量连创新高，与飞利浦等国际大品牌一起进入电动牙刷第一阵营。感恩天进帮助罗曼踏上快速增长之路。本书直观易懂，值得所有新消费、新品牌的创业者及市场营销负责人学习。

——广东罗曼智能科技董事长　严佑春

天进不同于一般的品牌咨询公司，其最可贵的一点是：能够根据时代的变化和发展，不断总结经验，不断创新，升级出更符合新经济环境的战略、品牌、营销、传播方法论。这本书是天进新的品牌经验的总结，我每次读都有新的收获。

——中运科技董事长　张清枝

从增量时代进入存量时代，流量的精细化策略和运营十分关键，本书对此有深入介绍，值得深读。天进帮助金秀儿品牌重新重视用户价值，规划用户全生命周期价值链拓展思路，这是万孚健康未来 5 年增长的原动力。

——万孚健康科技创始人　彭运平

前 言

这是一本写给企业家、CEO 和高层管理者的书，尤其适合那些想要借助生态、品牌、数字化、资本的力量实现企业转型的企业家阅读。

何谓新生态？新生态，究竟"新"在哪里？

工业时代，企业为了扩张业务，会依据自身资源及能力实行多品类、多品牌战略。此时生态雏形显现，以企业为导向的品牌生态模式诞生，称为生态 1.0 模式。彼时企业之间的竞争建立在产品之上。

进入产能过剩的全面竞争时代后，品类及产品的生命周期被严重压缩。战场从企业转移到产业，产业完全可以牺牲某一节点的利润参与竞争，单体的企业根本无力抵挡利润损失，只能让出市场份额。这是以产业为导向的产业生态模式，称为生态 2.0 模式。

而在移动互联网时代，用户就是"上帝"。企业最重要的资产不再是土地、写字楼、厂房、设备，而是品牌、用户和大数据。企业只要掌握了流量，哪怕不盈利，也容易获得资本的高估值。在流量集中参与竞争的时代，诞生了以用户为导向的流量生态模式，称为生态 3.0 模式。

生态 1.0 模式：以企业为导向的品牌生态

企业业务扩张有两种模式——品牌延伸或多品牌战略，这就是生态 1.0 模式。

品牌延伸，就是采用一个现有的品牌作为刚推出的新产品的品牌，也可以将一个新品牌与一个现有品牌结合起来使用，即母子品牌的形式。

品牌延伸的主要依据是企业自身的能力，这时会出现一个合适性问题，即母品牌进入一个全新的品类，消费者对延伸的新产品是否适应。比如百事可乐推出百事薯片和百事内衣，前者大家还可以接受，后者就不太合适。再比如霸王推出霸王凉茶，以及茅台推出葡萄酒，也被认为是不合适的。

虽然品牌延伸是品牌资产最大化的主要手段，也是业务扩张的模式之一，但是由于当时信息极度不对称，品牌厂商很难直接掌握用户数据，更别提掌握消费者的喜好了。这种信息不对称导致企业实施品牌延伸变得格外谨慎小心。

于是，多品牌战略成为大多数企业的选择。所谓多品牌战略，是指一个企业发展到一定程度后，利用自己创建起来的一个知名品牌，延伸发展出多个知名品牌的战略计划。多个品牌相互独立，又存在一定的关联，而不是毫不相干、相互脱离的。

多品牌战略有两种形式。一种是单一品类多品牌。企业开发的多个细分品牌，分别进入不同的细分市场，从而让整体的市场覆盖率更高，比如安踏体育。安踏体育 2020 年营收 355.12 亿元，连续七年保持正增长，如今与耐克、阿迪达斯同处国内市场体育服饰第一阵营。稳健发展的背后，多品牌发展战略发挥了关键作用。安踏体育通过一系列战略收购，坚持"单聚焦、多品牌、全渠道"发展：安踏主打"大众专业运动"；FILA 主打高品质，深度布局一、二线城市；迪桑特瞄准新生代，主打高端综训、滑雪、铁人三项领域；KOLON SPORT 专注高端消费。通过全方位满足不同运动场景下的用户需求，安踏体育实现了用户和渠道全覆盖的战略格局，形成了独特的集团化竞争优势。然而，这种形式容易产生内耗，如果多品牌经营能力弱，没有实现各个细分市场之间的差异，就盲目推出新品牌，很可能虽然有一定销量，却损害了原有品牌。

多品牌战略的另一种形式是多品类多品牌。比如万孚健康旗下针对 C 端的排卵验孕品牌秀儿、金秀儿，两者在产品质量和功能上差别不大，定价也存在很大的重叠区间，这就让消费者陷入了深深的纠结之中——买秀儿也行，买金秀儿也可以，从而导致子品牌进行互搏。为解决子品牌同质化问题，天进建议万孚健康对旗下品牌进行升级，清晰界定秀儿、金秀儿未来的发展战略。在天进的规划下，秀儿、金秀儿不仅从品类上形成了差异，品牌个性也形成了明显区隔。其中，秀儿专注女性两性用品，主打有情有趣，品牌口号是"更懂女人"；金秀儿专注女性健康管理，主打专业科学，品牌口号是"健康女人更自信"。如今万孚健康已按照这个路线快速布局，在两个赛道持续发力，多品牌差异化布局基本成熟。

从单一品牌进化到多品牌，从单一产品进化到多品类，本身就是品牌生态化的开始。我们将其称为生态 1.0 模式，这时企业打造的生态相对封闭，更多考虑的是自身拥有哪些资源，从而实现降本增效。

生态 2.0 模式：以产业为导向的产业生态

到了产能过剩的全面竞争时代，企业无论如何思考产品差异化，都抵挡不住企业之间的快速抄袭与模仿。这导致企业不得不面对过度竞争带来的产品同质化问题及激烈的价格战。竞争的主场从市场转移到了产业链，如何通过快速整合上下游供应链资源，提升对需求的响应速度，降低生产制造成本，甚至必要的时候牺牲某一节点的利润来获取市场份额，成为企业在新一轮竞争中取得胜利的关键。

这种生态不再局限于企业内部，而是以某类主导产业为核心，把原来较为分散且相互独立的各类成员聚集起来，通过某种方式逐步形成相互依存及协作的利益共同体，从而打造具有较强竞争力并且可持续发展的多维产业网络体系。体系内的各类成员彼此包容、相互合作，从而实现利益最大化。

以产业为导向的生态包括七个维度，分别是生产维度的企业上下游协作及配套、科研维度的学术研究及实验体系、服务维度的专业智力机构、劳动维度的人力资源企业、金融维度的资本机构、政策维度的公共及政府组织、物流维度的基础设施及运输服务企业。这七个维度使物流、人流、资金流、信息流形成最经济的互动，在快速响应市场需求的同时，也为圈内企业提供了强劲的市场竞争力。

为何能在短短 10 多天建成火神山和雷神山医院？为何仅用 8 小时就能将南昌市龙王庙立交桥拆除？为何东京奥运首金获得者杨倩得奖的第二天，同款发卡全线铺开？效率及速度的背后，是齐全的产业生态支撑。为何华为、苹果、谷歌纷纷转向自研自产芯片，越来越重视自主产业链生态体系？除了提升自身的市场竞争力，更是为了摆脱"芯片卡脖子"的困境。再有，我们投资的铝模板产业链，为何低价获取市场份额却不担心亏本问题？原因在于铝业作为周期性体现明显的行业，铝模板的价格、需求以及产能呈现周期性波动。当铝模板价格大涨时，我们可以牺牲产业链中某一节点的利润，以超低价参与市场竞争，获取更多市场份额。当铝模板价格大跌时，我们可以通过易货模式快速购买原料，降低生产成本。这是以产业为导向的生态的力量。

在天进看来，以企业为导向的生态竞争不过以产业为导向的生态，后者比前者更加开放。在以产业为导向的生态中，企业通过链接上下游合作伙伴，快速打造企业的竞争优势。以产业为导向的生态模式也是生态 2.0 模式。

生态 3.0 模式：以用户为导向的流量生态

在帮助越来越多传统企业转型升级的过程中，我们发现了一个有趣的现象：传统企业每天思考的是如何赚钱，而互联网企业更多思考的是如何让自己值钱。

为什么亚马逊常年亏损，市值却高达 1.7 万亿美元？为什么京东连续亏损十几年还能屹立不倒？其实投资者看重的不是当下，而是未来的收益。对大部分企业来说，单纯做个生意或者帮客户做代工，也可以赚钱，不一定非得做品牌，也不一定非得融资上市，但是这样很难"值钱"。

笔者之前与一位电缆生产及销售的企业家沟通。这位企业家除经营自己的企业外，对一些小而美的创业企业，也参与股权投资。

比如电缆行业，由于产品同质化程度高、进入门槛低，几个乡镇就可以养活一个电缆厂，导致市场集中度低。电缆厂一旦有机会进入招投标环节，在产品都一样的情况下，比的就是价格。所以营收规模200亿元的电缆企业，也许利润只有3亿元。在这个过程中，这位企业家对电缆生产、制造、销售越来越感到疑惑，不清楚要不要加大投入继续干，似乎看不到未来的增长空间。

现在企业面临的环境十分复杂，在经历创业初期的艰难后，好不容易有了一些小成就，又要面临"创业难，守业更难"的生存威胁。竞争对手可能以更低的价格、更好的品质进来，它们可能不在产品上赚钱，而是获取流量，最后收割一大拨消费者，成为最终的赢家。

就像现在各个互联网巨头布局的社区团购，普通个体户根本难以抵挡这种来势凶猛的跨界"抢劫"，十分容易陷入困局，甚至难以为继。

再比如，小米以手机占据了流量的入口，目标是让用户能够以手机为中心，连接所有的智能设备。依托巨大的用户流量，小米先后布局了充电宝、耳机、手环、路由器、插座、扫地机器人、空气净化器、摄像头等各类产品，"MI"这一Logo也从手机周边印到了智能硬件和生活耗材上。小米生态链收获了一致好评，仅在2020年一年里市值就翻了三倍。

这里的关键在于获取用户，打造以用户为导向的流量型生态。生态创新除了小米的入口维度，还有哪些维度？笔者认为从关系开始到结束后的维护，每一个环节都有创新的可能。生态创新有10个维度，分别是人群细分、市场层级、价值链、入口、场景、时间、空间、物/事/服务、支付方式、交互维护。

未来谁能掌握更多用户，谁就能把握更多的主动权，抢占更大的市场份额。过去，淘宝、天猫、京东、拼多多等自建平台拥有了巨大的流量及伴生的用户大数据，吸引别的企业也加入它们的生态中。如今，越来越多的企业意识到巨大流量背后的潜在商业价值，开始自建流量池，打造私域。

这种以流量参与市场竞争的生态模式，我们称为生态3.0模式。

天进从1998年成立至今，先后服务了海尔、欧派、慕思、箭牌卫浴、联塑、亿田集成灶、墨瑟门窗、王老吉、恒安集团、象屿集团、招商银行、嘉里粮油、澜沧古茶、万孚健康、维也纳酒店等200多个中国本土企业，成就了60多个不同领域的领军品牌。20多年来，天进一直在践行生态理论，以跨界思维帮助许多企业突破原有的赛道，一步步实现转型升级。

举个例子，2007年天进与欧派牵手，一直合作至今，陪伴欧派成长。天进推动欧派从橱柜、整体厨房、全屋定制到整装家居再到智慧家战略扩张。在欧派的生态里，中产及新中产用户是核心成员。几千家体验店、几千个家装公司、第三方平台以及自身平台是入口成员。免费量尺及设计服务是引流成员。设计师、房企、卖场及供应商是激活成员。橱柜、衣柜等优势产品是主要利润成员，卫浴、石材、电器、门窗、软装则是补充利润成员。世界级设计师联盟及设计师，是转化及提升形象的成员。天进推动欧派实现2007年5亿元到2021年200多亿元销售额的狂飙式增长。2022年欧派市值一度飙升至千亿元。如今欧派的竞争对手已不再是当初的橱柜企业，而是类似小米、海尔这类布局智慧家的巨无霸企业，它们虽然来自不同行业，但殊途同归。未来可能很难用某一个特定的行业来形容一家企业，会涌现更多突破边界的新生态。

本书将从企业家角度出发，引入互联网及市值管理的思考方法，以生态化、品牌化、数字化、资本化重新升级冠军品牌魔方，介绍数字化时代的商业模式创新、品牌定位、全渠道数字营销、全链路传播、品牌视觉锤打造及冠军基因培育等方法，并结合天进20多年来的实践经验，帮助企业真正实现从价值创造、价值实现到价值经营的全过程，从而获得资本市场的更高估值，实现快速成长。

冯帼英

目 录

推荐语

前言

第 1 章 创新商业模式：突破边界，创建品牌生态圈 001

 1.1 品牌生态圈为何是未来商业的必然 003

  1.1.1 大生产时代的产物——品类学说 004

  1.1.2 生态成为解决复杂问题的方法 006

  1.1.3 企业最重要的资产：品牌、用户、大数据 008

 1.2 品牌生态圈的内涵与外延 011

  1.2.1 聚焦品牌核心价值，厘清资源整合路径 011

  1.2.2 品牌生态圈成员的 10 种功能 013

  1.2.3 品牌生态圈创新的 10 个维度 018

 1.3 单一品牌不能通吃，用品牌架构协调业务布局 032

  1.3.1 品牌架构类型，从基础概念讲起 032

1.3.2　传统品牌架构模式，解决企业的
　　　　　业务难题　　　　　　　　　　　034
　　1.3.3　业务品牌规划背后，藏着明确的战略
　　　　　角色与分工　　　　　　　　　　036
　　1.3.4　单一业务品牌之下，存在多种形式的
　　　　　子品牌形态　　　　　　　　　　038
　　1.3.5　"说服力 + 有效度"决定集群生态圈
　　　　　品牌的命名　　　　　　　　　　039
1.4　天进案例连接——品牌打造经典案例分享　041
　　1.4.1　慕思：从床垫到睡眠空间　　　　041
　　1.4.2　东鹏：从陶瓷制造商到地墙一体化
　　　　　服务商　　　　　　　　　　　　046
　　1.4.3　欧派：从橱柜到智慧家　　　　　049
　　1.4.4　澜沧古茶：茶生态成就中国普洱茶
　　　　　头部品牌　　　　　　　　　　　054
　　1.4.5　亿田智能：从集成灶到智慧厨房空间的
　　　　　战略扩张　　　　　　　　　　　056
　　1.4.6　联塑：管业领导跨界泛家居领域　060
　　1.4.7　多彩贵州：区域文化品牌带动 30 多家
　　　　　企业发展　　　　　　　　　　　067
　　1.4.8　罗曼：从电动牙刷到护牙系统　　073

第2章 品牌定位：占据消费者心智，凸显核心价值 075

2.1 天进市场调研的5个维度 076
2.1.1 社会环境：挖掘发展助力点 077
2.1.2 行业分析：探寻市场趋势 078
2.1.3 消费者洞察：挖掘消费者潜在需求 079
2.1.4 企业自身：全面认识自己 082
2.1.5 竞争对手：最强的对手不一定来自同行 083

2.2 价值统领新生态，个性赋予人格魅力 084
2.2.1 核心价值提炼 084
2.2.2 品牌可以塑造的10种个性 086

2.3 品牌定位方法：天进品牌定位6级价值坐标 089
2.3.1 产品价值定位法 089
2.3.2 企业价值定位法 092
2.3.3 行业价值定位法 093
2.3.4 消费者价值定位法 094
2.3.5 群体价值定位法 096
2.3.6 社会价值定位法 096

2.4 天进案例连接——品牌定位经典案例分享 097
2.4.1 产品价值定位案例 097

2.4.2 企业价值定位案例 110
2.4.3 行业价值定位案例 113
2.4.4 消费者价值定位案例 121
2.4.5 群体价值定位案例 136
2.4.6 社会价值定位案例 143

第3章 全渠道数字营销：入口经济时代，处处皆入口 146

3.1 切忌徒有表象：何谓全渠道内核 147
3.1.1 全渠道的正确打开方式 147
3.1.2 企业全渠道营销架构 149
3.1.3 移动互联网时代：如何布局全渠道入口 152
3.1.4 重构全渠道模式 153

3.2 场景思维重构线下体验 157

3.3 天进案例连接——全渠道数字营销经典案例分享 159
3.3.1 欧派：全渠道加持智慧定制 159
3.3.2 招商银行：因您而变，不断创新 163
3.3.3 红谷：生活美学体验引领时尚潮流 167
3.3.4 罗曼：电动牙刷的IP跨界联名之路 169
3.3.5 王老吉：线下概念店，探索新式茶饮市场 173

第 4 章 视觉锤：打造独特视觉识别体系，嫁接品牌联想 174

4.1 品牌是视觉设计的支点 175
4.2 构建品牌视觉表达力 176
4.2.1 主画面创意 178
4.2.2 VI 设计 178
4.2.3 产品和包装 183
4.2.4 代言人和品牌 IP 185
4.3 天进案例连接——品牌打造经典案例分享 186
4.3.1 欧派：激活年轻时尚品牌新形象 186
4.3.2 慕思：另辟蹊径的代言人策略 188

第 5 章 全链路传播：整合传播资源，撬动目标市场 191

5.1 媒体与品牌 191
5.2 社会化营销的正确打开方式 195
5.2.1 微博：事件营销，打造品牌热搜体 196
5.2.2 微信：强关系媒介，利于深度品牌管理 197

5.2.3 小红书、知乎、抖音：种草营销缩短
　　　　　决策时间　　　　　　　　　　　　199
　　5.2.4 B站：聚焦新生代，升级品牌娱乐
　　　　　体验　　　　　　　　　　　　　　201
5.3 内容营销——用价值撬动传播　　　　　　　202
　　5.3.1 人性和价值交汇处才是品牌传播原点　203
　　5.3.2 信息流是主要的体验方式　　　　　　203
5.4 引爆——基于情感和关系的连接　　　　　　204
5.5 天进案例连接——品牌打造经典案例分享　　206
　　5.5.1 欧派：成就品牌大家风尚　　　　　　206
　　5.5.2 慕思：开创品类到开创模式，传递
　　　　　理念，打造文化　　　　　　　　　　210
　　5.5.3 水密码：营销组合拳，突围补水市场　215
　　5.5.4 茶妈妈：开启幸福风暴，内容创意
　　　　　赋能品牌　　　　　　　　　　　　　220

第6章　冠军基因：提升企业社会形象，
　　　　奠定行业领导位置　　　　　　　　　　　222

6.1 企业进化论：如何裂变影响力　　　　　　　223
　　6.1.1 企业原力　　　　　　　　　　　　　223
　　6.1.2 黄金圆环　　　　　　　　　　　　　224

6.2	自媒体时代，商业明星闪耀	226
6.3	美好的商业，品牌改变世界	227
6.4	天进案例连接——品牌打造经典案例分享	228
	6.4.1 欧派：以爱之名，携手共进	228
	6.4.2 箭牌卫浴：匠心善意，成就行业冠军	231
	6.4.3 海尔：精英领袖，创造不凡	235

第1章 Chapter 1

创新商业模式:突破边界,创建品牌生态圈

无论企业家还是咨询顾问,他们都有越来越明显的感受:在新的商业环境下,仅仅从营销、传播、技术创新、组织行为等方面调整,并不能使企业摆脱困境或突破发展瓶颈。

企业一旦产生了各种疑难杂症,营销人员或者咨询顾问常常会引进4P(Product、Price、Place、Promotion,产品、价格、渠道、促销)或者4C(Consumer、Cost、Convenience、Communication,消费者、成本、便利、沟通)理论为企业把脉,并奉理论为万能处方,鲜少有人从商业模式出发,从根上对企业进行系统的调整。

不同企业即使向同一群消费者贩卖同样的产品和服务,倘若它们的商业模式千差万别,其发展的逻辑和路径就很不一样,商业模式所释放的生产力也就截然不同。

如果无视这些规律，即便在营销和传播上投入再充分的时间和资源，也难以触及问题的根源，只能是事倍功半，有时候甚至南辕北辙。

在如今激烈竞争的情况下，企业需要解决的已经不再是谁能跳出同质化谁就能赢的问题，而是如何妥善处理不同商业模式之间竞争的问题。

举个例子，个体户卖的蔬菜 5 元 / 斤，而采用互联网公司布局的社区团购方式购买一斤蔬菜仅需要几角钱。然而低价只是其中一方面，更关键的是社区团购整理了与生活相关的方方面面，从柴米油盐到饮料零食，甚至鲜花日化也有了。社区团购的用户已经不再仅限于买菜，他们会有各种各样的消费。

以美团为例，美团不仅整合了吃喝玩乐的服务，还有美发、美甲、美容等服务，甚至把携程的订酒店、机票、高铁票的生意也抢了。前阵子美团还加入了风风火火的打车大战，开始抢打车的生意。

流量是互联网企业的生存根本，如果无法持续获得流量以及保持用户留存，企业很难维持经营。从经营角度看，无论社区团购"卖菜"，还是共享单车，本质都是生态的入口，都是互联网企业获取高频流量的手段之一。互联网企业不谋求在这类生意上赚钱，而是靠其他增值服务赚钱。这时无论个体户还是连锁商超，都不必和互联网企业直接硬拼，可采取合作的模式。直接的做法就是加入它们的生态，与它们共赢。

类似的例子不胜枚举，因此我们不得不重视商业模式。模式不一样，给用户创造的价值也会不一样，这从根本上改变了企业的竞争优势和发展潜力。也许一开始企业可以在垂直领域发挥独特优势，但是放到时间的长河中，我们发现任何优势都不是永久的，如果不提前思考和布局，互联网企业也会一夜之间倒下。

一般来说，三到五年就必须升级一次战略。事实上，推动商业模式改革的难度非常大，许多企业出于这样那样的原因，在产品和模式上故步自封，只能通过品牌、管理和渠道建设的调整去形成与竞争对手的差异化。

未来属于那些有魄力的改革者，那些不断突破边界生长的企业！

1.1 品牌生态圈为何是未来商业的必然

现下品牌的含义与传统时代已经全然不同。

过去提到品牌，很多企业会把它等同于品类。然而消费过剩导致产品生命周期被极大压缩，品牌若仅等同于品类，企业不仅难以适应移动互联网时代的商业环境，更难获得持久的生命力。传统商业强调渠道为王，只要占领渠道就可以获得更多的市场份额，实现企业盈利，即规模经济帮助企业创新转型。

而互联网商业的逻辑却与之不同。用户成为重要的企业资产，甚至直接影响资本市场对于企业的估值。基于此，企业只有圈住更广泛的用户，不断精益创业，提供用户全生命周期价值，才能实现商业变现。

传统商业追求产能，互联网商业追求用户数量，如图1-1所示。

图 1-1　传统商业与互联网商业

1.1.1　大生产时代的产物——品类学说

品类学说是 40 多年前提出的，是大生产时代的产物，更适应大生产时代的商业环境。从品类学说的角度看，创建品牌的本质就是要锁定品牌和品类，在品牌和品类之间建立强势关联，例如品牌王老吉等于怕上火喝的饮料，品牌就这样诞生了。

品类学说主导的品类定位看似快捷有效，但是暗藏很多弊端。

弊端一：品类遭遇冷落的时候，品牌价值也会受到侵蚀，唇亡齿寒。

尽管品类战略本身也强调过这一点，但并没有明确提出措施。可口可乐是全球颇具价值的品牌，但谁会想到可口可乐品牌的价值一直在缩水呢？可口可乐的品牌价值取决于可乐品类，而可乐品类这座冰山正在融化。在过去几年，美国市场上人均可乐的消耗在减少，因而可口可乐品牌就很难保值。

弊端二：品类创新中暗藏陷阱。

在成熟稳定的市场中，新企业和新品牌想要分得一杯羹，就需要采用品类创新战略，为企业开创一个新市场，借此改变竞争格局。品类创新成功了，可能会缔造一个品牌传奇。但是其中也有陷阱：品类创新成功后，许多竞争者纷纷卖起同品类产品，抢夺市场。例如，简一开创了大理石瓷砖的先河，但也成为几百个后来者的垫脚石，现在面临大理石瓷砖品类市场被稀释的窘境。

还有许多企业在品类创新的陷阱中失败了，因为市场中根本不存在它们创造出来的需求，这类需求更多的是企业炮制出来的，比如咖啡可乐、啤儿茶爽。某些创新的品类是在挑战消费者长期固有的认知习惯，自然难以打动消费者。重新创造一个品类的市场，教育成本高昂，因为这不仅要求消费者从零学起，而且既有的数据库中根本没有相关的记录，这就会导致消费者没有相应的消费经验，系统自动推荐时因为数据库检索不到而无法将新品类正常呈现给消费者。

品类创新一旦失败，很有可能威胁到企业的生存。因为这直接关系到企业的资源倾斜和配置，有的企业不能负担其试错成本，同时也错失了其他发展良机。另外，"通过品类创新为企业开创一个新市场，借此改变竞争格局"的想法未免有些天真了。想想这个时代那些改变竞争格局的颠覆者，有的是平台型的企业，如阿里等，有的是从其他领域冒出来的跨界打劫者，如小米、唯品会、网易严选等。这些企业都不是靠品类创新成功的，它们都是基于之前的品牌进行整合或者微创新找到了新的发展突破点。所以说，基于品类进行创新，危险系数非常高，而基于品牌进行整合、微创新不失为一种好办法。

再看看传统家居企业的进化路径，如欧派围绕着"对家人的爱"这个品牌核心价值，不断进行生态的裂变和升级。2008年天进携手欧派，帮助欧派推动从橱柜、整体厨房、全屋定制、整装家居到现阶段智慧家的战略扩张,一直整合消费者的需求,满足用户一站式的产品购买和服务体验,而这一点是品类无法满足的。

1.1.2 生态成为解决复杂问题的方法

移动互联网时代,品牌等于品类这一强势绑定显然已经行不通了,品类不再等同于品牌(见图1-2)。

图1-2 品牌不再等同于品类

大家看看这个时代排在前列的公司——阿里巴巴、腾讯、小米、美团、唯品会等,它们都在做什么呢?它们显然已经跳脱出品类的陷阱,转而做生态,不断打造超越产业链的"品牌生态圈"。

那么,当下该如何打造品牌生态圈呢?我们认为行业的边界越来越模糊,未来的竞争一定是生态与生态之间的竞争。企业要想获得持续生存与发展,要么打造自己的生态圈,要么介入别人的生态圈。

1. 什么是品牌生态圈

了解品牌生态圈这个概念之前,先讲讲生态圈的原始含义。

生态圈其实源于生物学，具体是指自然界中的生物与环境构成的统一整体。在这个统一的整体中，生物与生物、生物与环境之间通过分工合作相互影响与制约，从而达到一种相对稳定的动态平衡状态。

品牌生态圈的概念其实与生物学的生态圈十分相似，生态成员之间的关系都是相互影响、相互制约、长期共生的，但有所不同的是生态圈的基础和核心是植被，而品牌生态圈的核心是用户。

"品牌生态圈"是指企业将能满足同一群特定用户多元化需求的各个利益相关者整合而成的价值平台。在这个平台中，每个利益相关者都将被分配到一个或多个角色，共同为实现品牌生态圈规模化发展做出贡献。

2. 做生态圈还是做产品服务

一个企业是不是合适做品牌生态圈，需要通过对企业多方面的能力进行专业的综合评估来判断。一般来说，整合资源能力强、资金实力强、战略意识强的企业更适合做品牌生态圈。

其实现在很多企业已经没有机会再建综合品牌生态圈了，反而基于某个高度垂直的领域还有做生态圈的机会。比如天进正在帮许多客户抢建垂直生态圈，如慕思健康睡眠生态圈、多彩贵州旅游文化生态圈、阿凡达学童智慧生态圈等，垂直领域未来的发展是充满丰富的想象空间的。

但也不是所有的企业都要从生产转做品牌生态圈，这是不现实的，不是每个企业都有强大的资源整合能力。如果企业整合资源的能力不足或自身的互联网基因不够，那么从小而美的产品或服务出发，然后介入别人的综合平台或垂直平台，也是一种合适的选择。

但是在资本市场上,生态型企业将会受到更多的追捧,得到更高的溢价,拥有更长久的未来。一个企业要想走得足够远,既要脚踏实地做好眼前的事,也要有对未来的判断和想象。

1.1.3　企业最重要的资产:品牌、用户、大数据

自进入新商业模式以来,天进一直强调企业最重要的资产不再是土地、写字楼、厂房与设备,而是品牌、用户与大数据,如图1-3所示。这一理念也应用于天进咨询师的作业中——以平台及生态思维帮助企业积累用户资产,以品牌定位及全链路数字营销手段帮助企业积累品牌资产,以人工智能思维及技术帮助企业积累数据资产,实现企业从传统向数智化转型。

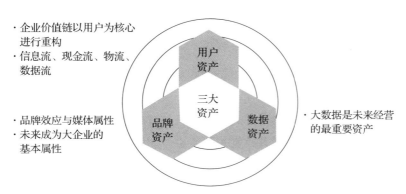

图1-3　企业最重要的资产:品牌、用户、大数据

在大生产时代,企业经营强调"多维而不连接"模式。每个部门分工有序、按部就班,就像流水线上的工人,每人负责一

个螺丝钉。工业化思维主导下的企业往往以产品生产与销售为导向，整个企业的事业中心都围绕着产品研发、制造和销售三个环节展开工作，企业最看重的资产是土地、产能、厂房、设备等。

- 研发端，企业花费许多人力、财力、物力和时间在研发产品上，但是用户抱怨体验不好的情况仍时有发生。
- 生产端，企业开始扩大生产规模，土地、厂房、设备等资产占据了企业资产总额的最大份额。
- 销售端，企业不计代价打造一个品牌，花重金买断各大主流媒体广告位，甚至聘请专业的广告公司，让产品渗透到生活的各个角落。

为了帮助大家更好地理解什么才是企业最重要的资产，我们看两个案例。

案例一　为什么格兰仕产能这么大，却上不了市？

格兰仕大部分的产能用来替别人代工，至今为止仍然在走增加厂房设备、扩大产能的路线。从资本角度出发，它的估值偏低。对资本市场而言，格兰仕的商业模式没有太大的想象空间和发展空间，也很难有吸引力。即使格兰仕上市了，资本市场的估值也会偏低。

案例二　美的比格力市值多了 1300 亿元，背后原因是什么？

同样以家电起家的美的和格力，美的集团股价持续走高，市值超越格力电器，并且差距越来越大。这不仅与格力业绩下滑有关，更关键的还是与格力、美的的产品线结构和营收规模有关。从这个角度看美的的市值，即使美的超越格力 1300 多亿元，相对来说还是被低估的。

从产品线来看，格力、美的的产品线类型相差并不大，但关键在于各产品线的营收规模。格力的收入基本全靠空调，一枝独大。一旦主业失速，没有新的增长点，业绩下滑是非常快的。这就是把品牌等同于某一品类，好处在于大家记忆更直接，一想起空调，就想到格力。但局限性在于，没有多点盈利的可持续商业模式，很难抵御市场环境的快速变化。

相比格力，美的的营收结构更加稳定、可持续，抗风险能力更强。2020年，美的的空调和消费电器收入保持了对半开的格局。A股对于空调这类可选消费产品的估值，远远低于生活消费电器类必选产品。

在生态布局方面，美的大举进行多元化布局，实现智慧家庭战略。作为生态的形象成员，美的收购了与库卡齐名的新松机器人，快速布局智能装备和机器人产品线。在这一块业务上，美的和格力的收入差距达到10倍以上。

除此之外，营收并非全部来自美的的原生业务。美的收购的库卡集团、小天鹅、威灵控股等公司也为美的贡献了占比不小的营收额，为美的生态补充了额外的收入。

美的采取频繁收购的多元化扩张方式，虽然在财务上牺牲了一定的流动性，但是应收账款更高。不一样的经营方式，导致了美的与格力市值的差距。美的模式成功的关键在于释放品牌、用户和数据的最大势能。

用户才是中心。与工业化思维相比，互联网思维更关注"用户价值"。企业如何以用户需求与品牌力量整合中国的生产资源，打通价值链的多个环节，化多维为一维，在孤立的点与点之间建立联系并且让关系变得畅通，是释放品牌、用户和数据势能的关键。这时的企业不仅能从用户身上获取产品收入以及其他增值服务收入，甚至还能获取广告收入。

哪个企业能意识到品牌、用户和数据的重要性，哪个企业就有可能成为未来的赢家。

1.2 品牌生态圈的内涵与外延

在一切都在加速迭代的时代，产品和品类的生命周期被严重压缩了，生态才是解决复杂问题的方法。企业如何争取竞争的主导权？我们认为自建生态圈或者加入生态圈是必选项。

与品类说不一样，生态说主张企业用品牌的力量去整合生产制造资源，真正发挥出品牌的效应。同时我们也鼓励企业用品牌的背书和积累起来的信任，为用户创造更多的价值，为企业拓展更大的利润池，这也能减轻重资产投入带来的负担。

中国作为世界制造中心，其实不缺少生产制造资源，而是缺少品牌。如果你的品牌足够强大，全世界的工厂都可以为你生产。经过这么多年的实践，我们总结了打造品牌生态圈的方法论，这个工具也是我们天进品牌管理工具的核心，如图1-4所示。接下来重点讲一讲这个工具的内涵。

1.2.1 聚焦品牌核心价值，厘清资源整合路径

基于用户洞察的品牌核心价值是品牌生态圈的核心。品牌核心价值是品牌资产的主体部分，它能让用户明确、清晰地识别并记住品牌的利益点与个性，是驱动消费者认同、喜欢乃至爱上一

个品牌的主要力量。

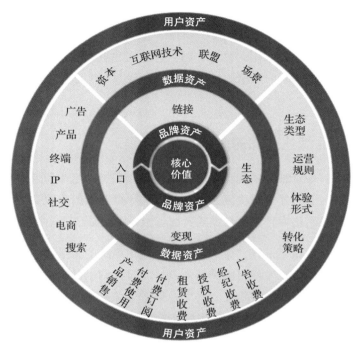

图 1-4　品牌生态圈：一种全新的商业形态

品牌核心价值一旦确定，在未来三到五年甚至十年的品牌建设过程中，企业必须坚定地加以维护和捍卫。只有做到这一点，品牌的每一次露脸、每一场营销活动、每一份广告费才能为品牌加分，不断向用户传达品牌的正面联想。久而久之，品牌就会在消费者大脑中烙下深深的印迹。

品牌核心价值，不仅是一个传播概念，更是一切营销传播活动与资源整合的原点。核心价值不仅要通过传播来体现，更要生产或链接符合品牌核心价值的产品、服务，不断把价值长期交付给我们的用户,才能让消费者持续地认同品牌,巩固品牌在消费者心里的印象。否则,核心价值就是一个空洞的概念,根本打动不了消费者,更谈不上生态圈打造。

1.2.2 品牌生态圈成员的 10 种功能

过去企业对于商业模式的理解,往往局限于内部视角,认为关键在于产品和服务的交易。然而我们认为,商业模式的本质,关键在于经营从物、事、服务到人的各种成员的利益关系。

生态圈成员不应局限于产品和服务,还应包括目标消费者、目标客户、产业链上下游成员、各种行业专家、各组织机构、各种关键技术和服务。

我们认为,企业经营不应该只注重贡献主要利润的成员。实战经验告诉我们,并非只有贡献主要利润的成员才有存在的意义,因为竞争对手完全可以用更低的价格和更优质的产品或服务来直接"攻击"你的企业,它们不谋求在这个产品或服务上赚钱,而是通过其他的生态成员或增值服务来赚钱。

所以,一个理想的品牌生态圈,其成员应该包含以下 10 种功能:吸引目标用户、引流、链接、互动转化、激活生态、提升形象、完善体验、创造主要利润、获取补充利润和关系维护(如图 1-5 所示)。不具备其中一种功能的成员,对于品牌生态圈来说就是没有价值的,此时哪怕它再好,也应坚决放弃。

1. 吸引目标用户:整个品牌生态圈设计的核心

任何企业在规划品牌生态圈战略之前,首先必须确定品牌的目标用户人群,围绕着目标用户去设计整个品牌生态圈。

图 1-5　一个理想的品牌生态圈中的成员应具有的功能

举个例子,为什么拼多多 App 要设计如此多的游戏?如果你是一位职场精英或者企业老板,一般不会在拼多多上玩游戏。拼多多瞄准的主要是有大量空闲时间又有钱的宝妈一族,她们除了热衷于在拼多多上淘各种便宜好货之外,还愿意为了一个 200 元红包找一大群朋友砍价,甚至为了游戏晋级疯狂购物。拼多多的胜利,就在于圈住的第一拨宝妈用户十分精准。

2. 引流:可能不赚钱,为生态贡献流量

为什么每日优鲜每天一定会推出超级便宜的爆款蔬菜?这么便宜的蔬菜,能赚钱吗?如果用户仅买便宜的蔬菜,对于企业来说一定是亏钱的,但是因为要收取 10 元邮费,对于用户来说若是仅买便宜的蔬菜就不值得了,所以他们一定会凑单购买。完成凑单购买之后,订单价一下子就上来了。在这种模式下,爆款蔬菜的作用仅是引流。

类似的例子还有很多。比如:橙心优选、多多买菜推出的 0.1 元蔬菜类目,本质也是为了引流;美团收购摩拜,支付宝运营哈啰单车，瞄准的是共享单车高频的需求。在这些成员上，企业需要的不是利润，而是精准的流量、影响力。

3. 链接：外部协作力量，实现用户一站式体验

截至 2021 年 2 月，钱大妈全国门店超过 3000 家，全国门店扩张加速。钱大妈为了实现 30 分钟内送达，在没有自建本地物流的情况下，只能链接京东达达、饿了么、美团的本地配送服务。

我们再来看看欧派。随着国内精装、整装业务的持续推进，传统零售渠道客流受冲击较大，其中家装公司作为前置入口，对客流的分流作用较大。欧派也链接了几千家家装公司，尤其是各地龙头家装公司，布局整装渠道，拓展客户资源。2018 年欧派从全屋定制战略升级为整装大家居，从四川宜宾样板店开始，短短一年时间在 22 个城市落地，成功打造了"宜宾模式""长沙模式"等成功案例。

4. 互动转化：与用户全生命周期互动，促成转化

为什么那么多品牌喜欢推行会员积分制度？会员积分制度本质上是不断与用户互动，比如通过积分兑换各种优惠券，促成二次转化，这类操作在企业自建平台内就可以实现。在企业外部，还有一些资源也可以促成互动转化，比如：对于家居企业而言，设计师是互动转化的资源之一；对于化妆品而言，一些网红能带来大量互动机会。

在私域营销中，企业和用户构建好友关系后，比如添加企业微信后，需要持续和用户进行互动，在互动中构建起用户信任，并在互动中实现转化和复购，所以需要设立"首席聊天师"这一岗位。首席聊天师的核心职责是开发话术，构建和客户互动的聊

天 SOP（Standard Operating Procedure，标准作业程序），并指导聊天员有序和客户互动。

5. 激活生态：生态所必需的关键技术手段或载体

激活生态更多的是链接关键技术和手段，比如社群营销，其实是一套相对完整系统的营销体系，包括用户运营、活动运营及内容运营，最终的目的是转化变现。那么在这个过程中，社群运营会用到类似"千牛平台"的 IT 管理工具，能极大提高社群营销的效率，也可以避免被封号。

而在社群商业变现部分，知识变现需要链接知识付费系统服务商，而成员变现需要小程序电商平台系统服务商，甚至现在很多品牌在微信生态打造自己的微商城。打造微商城的关键是微信端支持品牌自己开发小程序，那么开发技术就是激活生态的关键。

6. 提升形象：链接生态成员，提升品牌形象

为什么华为要与保时捷跨界合作，推出定制版手机？为什么 OPPO 要和兰博基尼一起玩？为什么慕思要赞助澳网？因为对于任何一个层次的用户而言，他们买东西不一定要买最贵的，但绝对是在能力范围内买最好的。与各种高端品牌或场景的跨界合作，可以产生一定的化学作用，给用户一种高品质生活的感觉。

7. 完善体验：满足用户获得更美好体验的关键手段

一个典型的例子是宜家。根据宜家财报，其餐饮收入基本上能占到总营收的 8%。而在中国，这个比例高达 10% 左右。2020 年宜家中国餐饮部的营业额将近 15 亿元，超过了庆丰包子铺一年的营收。去宜家餐厅吃饭，会发现冰淇淋机旁边人满为患，而瑞典肉丸几乎人手一盘，甚至有人调侃宜家肉丸才是"最好的沙

发销售员"。

宜家为什么"不务正业"搞餐饮？因为创始人英格瓦·坎普拉德认为：跟饥肠辘辘的人是做不了生意的。

餐饮连锁与家居，看起来好像不大相关，但其实这两者共享着多个价值环节，宜家作为一个知名家居品牌，在其卖场里搞餐饮的风险几乎可以忽略不计，带来的好处却是方方面面的：餐饮业务共享了宜家的品牌，就等于共享了客流量；就餐增加了顾客的停留时间，促进了消费；家具是一种低频次消费成员，顾客并不会每次去宜家都买家具，但可以每次去宜家都吃点东西。长期以来，两种业务相辅相成，带动了宜家的整体品牌竞争力。

麦当劳特意在餐饮区设置了儿童游乐场，而喜茶请了各种知名设计师来装修店面，形成千店千面的特色。引入游乐场和设计师团队的目的，都是完善用户的体验。

8. 创造主要利润：拳头成员，生态的主要利润来源

虽然腾讯现在业务庞大，各行各业均有涉足，但主要利润来源是游戏。从 2020 年腾讯财报来看，总营收 4820.64 亿元，其中网络游戏营收 1561 亿元，是腾讯利润的保障。

对于欧派家居的生态而言，虽然家居、家电、建材甚至服务链条中的装修都有涉及，但主要利润仍然来自定制橱柜业务。

9. 获取补充利润：没有那么赚钱，但是用户需要或场景必备

海底捞的战略是将自己打造成一个生态。

生态圈成员除了提供即时及外卖餐饮服务的海底捞外，还有负责仓库仓储、物流服务以及供应食材的蜀海供应链，负责广告

设计及传播推广的海广告，负责装修工程管理服务的蜀韵东方，负责餐饮企业软件管理系统的红火台，以及负责人力资源管理的微海咨询。

海底捞生态里的每一个成员都拥有独立且专业化运营的能力，它们除了为自身体系提供服务外，还为整个餐饮行业服务。这一部分利润，就属于海底捞这一生态圈的补充利润。

在慕思睡眠空间中，主要利润是床垫，而围绕睡眠的香薰、睡袍、音乐等成员，可能没有那么赚钱，但又是高端用户所需要的，或者构建健康睡眠场景必备的，都属于补充利润。

10. 关系维护：用户关系维护的关键流程与环节

当品牌与用户之间的关系从一次性交易转化为持续交互时，品牌就拥有了成功的基础。能实现这种效果的成员，就算不盈利，也是企业非常重视的。

为什么那么多企业要自建媒体？这类媒体所用的名字不一定是自己的品牌名，它专注于分享对用户有用的知识和内容。这样做的好处是可以站在用户的角度与用户互动，维系好与用户的关系，在这种利他式的互动中，自己的品牌价值也得到了宣传。

举个例子，尚品宅配培养了一个网红设计师，名为阿爽。阿爽的每个抖音视频表面上看讲的都是和尚品宅配无关的装修知识，但是你仔细看会发现，视频中所用的展示成员实质上都是尚品宅配的成员。

1.2.3　品牌生态圈创新的 10 个维度

天进认为，从关系开始到结束后的维护，每一个环节都有创新的可能。生态圈创新有 10 个维度，分别是人群细分、市场层级、价值链、入口、场景、时间、空间、物/事/服务、支付方式、交互维护，如图 1-6 所示。

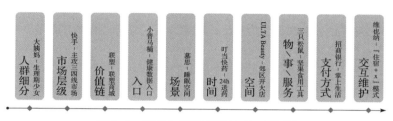

图 1-6　品牌生态圈创新的 10 个维度

1. 人群细分

美柚 App，采用的就是典型的以人群细分维度创新的产品。这是一款专注生理期少女月经期管理的移动互联网产品。自 2012 年上线以来，围绕生理期少女，美柚不断推出各种功能、社区和产品，如图 1-7 所示，从垂直类内容到产品，高度实现用户价值变现。

图 1-7　美柚广告画面

2. 市场层级

不同的市场一定会孵化出不同的品牌和产品。比如说快手和抖音，如果简单从功能上看，它们都是短视频 App。但是如果从市场层级看，它们存在着截然不同的创新逻辑。快手是在三四线城市中成长起来的，而抖音恰恰相反，它主打一二线年轻消费者群体。

不同的市场层级导致了不同的属性，比如快手的品牌核心价值是"记录世界"，所以内容方面更加强调真实性和公平普惠。而抖音是"记录美好生活"，所以主推爆款、有趣、好玩的内容，这是抖音短短几年内实现用户野蛮增长的原因之一。在流量属性方面，快手偏私域，主播风格差异很大，每个主播都形成了一个流量中心。这种多流量中心具有分散、独立且聚焦的特征，所以社交属性更强，主播与用户之间的黏性也更高。相反，抖音更像是广场文化、公域流量，平台本身更加重视热门话题，也重视内容本身，在抖音上只有好内容才有机会被推上头条，让所有的人看到。这种结果导致了抖音在流量支持方面明显是主推爆款内容的，而这种结果也导致了主播与用户之间的社交感弱，黏性也更低。

不同的创新逻辑也有着不同的变现方式，快手主要的变现方式是直播带货，而抖音以广告为主。如果品牌想在两个平台上卖货，快手在直播带货方面能力更强，而抖音则是以短视频种草为主，如表 1-1 所示。

表 1-1　快手与抖音

	快　手	抖　音
市场路径	三四线→一二线	一二线→三四线
核心价值	记录世界	记录美好生活
流量属性	私域为主，多中心 独立、分散、聚焦	偏公域、中心化 广场文化

（续）

	快手	抖音
平台属性	重社交，黏性高	重内容，黏性低
内容属性	弱运营，不注重热门话题 强调真实，更加公平普惠	强干预，重运营 推爆款内容，美好有趣
用户增长	增长较为平缓	增长速度快，野蛮增长
变现方式	直播为主	广告为主
带货方式	直播带货	短视频种草

3. 价值链

任何一个企业生存的本质，都是围绕着特定的目标用户群进行一系列如研发、生产、销售或者资源链接等价值创造活动。这些活动看似互不相同，但又相互关联，按照顺序联结成企业的价值链。为了高效创造价值，很多企业会改造价值链中某一个环节的流转顺序，以达到降低企业成本、提高经营效益的目的。我们称这个过程为价值链重构。

案例　联塑的价值链打造

管业出身的联塑在2011年开始战略转型，从单一的管道主业向泛家居领域进军。2015年开始启动"联塑商城"项目。一开始联塑仍以自身的渠道资源为核心优势，采用"规模化集采，全国分销"传统模式。然而移动互联时代下诞生的许多新模式，冲击着传统的贸易模式，五金建材行业面临重新整合和洗牌。

一方面，大宗交易贸易商的精细化运营管理将成为趋势。过去粗放式发展都有如下相似的情况：仓库里是乱乱的，也许只有检货的员工才知道某个商品的具体位置；库存一直不确定，进销存的数据对不上；业务量看上去很大，但是月结时总是亏损。

另一方面，贸易商的日子实在不好过。贸易商都是靠市场吃饭，没有太多的经营发展思路，就算有这方面的规划，落地时也是心有余而力不足。卖方的红利时代已经过去，精细化管理成为未来主要的增长方式，以数据指导经营成为未来的核心。但贸易商的思维还没转变过来，或者不知道从何做起，或者无法在店面、经营、团队、市场等方面投入大量的精力。

战略调整后，联塑不再局限于自身的优势资源，而是通过线上平台、线下多个区域大型体验服务中心、社区服务体验点的结合，从点到线再到面，形成一张覆盖整个行业的服务网，开始打造自己的全渠道五金电气建材交易平台。

这个平台以联塑商城为轴心，除了自有产品外，还整合了电工电料、油气化工、照明电器、门窗五金、消防安全等产品，将生产厂家、渠道商、装饰设计公司、装修施工公司、房地产开发商、水电工和消费者等更好地连接在一起。同时在全国打造了多个 $100 \sim 300m^2$ 的五金电气建材连锁加盟卖场，并对社区周边五金店进行延展，打造社区连锁五金超市。这种"互联网＋五金电气建材＋实体连锁"的"线上交易，线下服务"模式，消除了各个交易主体之间的信息不对称问题。

针对 B 端客户，联塑打造了一个五金电气建材采购平台——有市。除了整合行业资源，提供线上商城的一站式集采服务、覆盖各级城市的线下实体连锁销售网络外，有市还配备完善的仓储物流支持、产业信息化管理、产融扶持等服务，保障从线上到线下的完美运转，让各产业间的交流、交易更加便捷。这种模式让行业上下游用户之间实现资源共享、信息共享、金融共享服务，打破了过去传统的五金小店模式，首创了线上线下融合的五金电器建材销售模式。

4. 入口

在非理性的投资冲动和恶性竞争中，曾经的 ofo、小鸣单车已经主动离场，青桔单车、美团单车、哈啰单车在大洗牌中越过危机，牢牢占据共享单车市场份额。2021 年"逆袭者"哈啰计划赴美上市，希望成为"共享单车第一股"。

为何哈啰能在激烈竞争中成长起来，释放出旺盛的生命力？这与其入口布局及生态创新不无关系。虽然哈啰以共享单车作为流量入口，然而如今的哈啰不仅是共享单车，更是生活解决方案的提供者。在共享出行的基础上，哈啰不断拓展业务半径，从两轮到四轮不断迭代，并在电动车、换电以及同城物流、网约车、团购、酒店、本地生活等更广阔生活服务类业务方向拓展，这些拓展服务与出行形成更高效的上下游关系。

根据哈啰披露的数据，截至 2020 年 12 月 31 日，哈啰 App 总注册用户数已达 4 亿，共享单车业务覆盖超 460 座城市，共享电单车延伸超过 400 座城市。同时，哈啰顺风车注册车主达千万级别，聚合性质的全网叫车业务覆盖超过 200 座城市。调研发现：使用哈啰单车的用户更容易接受哈啰的助力车、顺风车、打车等业务。基于此，哈啰 App 新增"吃喝玩乐"等本地生活类服务入口，为用户提供餐饮、酒店、景区、美食、休闲娱乐等品类丰富的到店团购服务。

哈啰的新业务对老业务的反向赋能显现，基础数据助力哈啰生态拓展。哈啰通过打造黏度更高的本地生活共享生态平台，不仅能最大程度地满足用户对于高品质、高性价比的本地生活服务的需求，而且能构建完善的推广体系，鼓励用户通过社交圈子推广商品给自己的熟人。这让普通人也能在哈啰生活中轻松做团长，实现自购省钱，推广赚钱，同时可组建自己的团队，坐收更多佣金奖励。

依托共享单车这个入口，哈啰出行挖掘 4 亿用户的出行习惯，将商户优惠与消费者需求更好地匹配起来，实现单位经济上更低的获客成本和更高的用户触达效率。入口最大的价值其实是用户价值，只要用户量足够大、黏性足够高，那么生态就可以不断扩展，助力现有平台最后成长为超级用户平台，如图 1-8 所示。

哈啰出行 | 本地生活共享生态

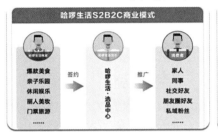 

图 1-8 哈啰出行：基于出行，打造本地生活共享生态平台

5. 场景

场景创新，不仅是新消费品牌崛起的动能和新行业开启的基础，更是品牌营销的核心。而场景营销，可帮助品牌更好地与消费者建立连接，实现精准有效的触达。从商业机会拓展的角度上来说，场景维度的创新，不应局限于"如何解决消费者在使用产品过程中遇到的问题"这个层面，还应基于对用户的充分了解，结合大数据洞察用户消费、出行、生活等方面的行为变化，基于对用户消费逻辑的全新洞察，去升级企业现有的产品和服务模式。

比如慕思健康睡眠系统，解决的是高端人群睡眠场景的问题；共享单车，解决的是消费者出行场景的问题；无人驾驶则满足了操作场景便捷化的需要；代驾满足消费者在酒后以及身体极度疲劳的状态下无法自主驾车的矛盾点。当适应某个场景的功能或者产品出现时，用户会本能地产生共鸣和认同感，自然而然地将产品融入到自己的日常行为习惯中。这类产品的成功，与其归结于解决了消费者痛点，倒不如说它们解决了一个场景痛点，这个痛点甚至连消费者自己都未能察觉到。

6. 时间

为什么在电商如此成熟的情况下，京东还能脱颖而出？为什么在过去十几年里，刘强东如此重视京东物流体系的建设，投入千亿元？为什么在京东最艰难的时候，刘强东仍然要保物流，只要物流缺钱，一定会第一时间站出来？实际上"保物流"的本质是在抢夺时间，抢夺效率。

京东的成功，可以总结为依靠两个关键性战略：一是利用仓配一体的方式建立了令对手望尘莫及的物流体验；二是从单品类的 3C 数码迅速转变为全生态、全品类、全场景的电商，提出了"无界零售"。

十分有趣的是，叮当快药的成功，和当年的京东有着神似的地方：第一，它们都是非常有行动力的企业，在物流配送供应链上做到了领域第一；第二，适时启动"重度垂直＋全场景生态"战略布局。

为什么叮当快药会自建配送团队，提供药品 24 小时配送服务呢？因为用户在用药时，有急、懒、夜、专、私的需求。目前叮当快药已经覆盖了北京、上海、广州、深圳、成都、杭州、郑州、天津、武汉、南京等 10 余座城市，未来还将通过"自营＋控股＋合作"的方式，用 1500 家门店覆盖所有地级市，落地百城千店计划。叮当快药除了迭代升级快药、快医的服务外，还将用户的健康管理周期分为"急需用药、慢病复诊、未病养护、家庭健康"四大场景，构建了"医、药、保、养"健康新生态战略。这个战略既能进一步加强自身的供应链优势，又能一站式解决用户所有的健康问题。

举个例子：针对急用药用户，叮当快药依托优势药品供应链、线上销售平台、线下智慧药房以及自建的配送团队，提供 7×24 小时、核心区域 28 分钟送达的药品即时配送服务。而针对常见病及慢病用户，叮当快药则依靠自有专职医生团队提供全天候免费在线问诊服务。

对于未病用户，叮当快药建立健康研究院，提供专业健康知识，帮助用户建立起健康养护理念、做好日常健康养护，同时持续打造系列"养生节"，依托大数据技术向用户提供精准匹配的保健食品，帮助用户改善亚健康状况。其中的"保险"服务也是针对家庭用户的，满足他们在大病、重疾保障方面的需求。

"医、药、保、养"健康新生态战略（见图 1-9）落地后，叮当快药也积极连接各个生态成员，比如与泰康在线联合推出的"泰康在线小药箱"，让用户得了小病后可直接在叮当快药平台获取药品、自我药疗，无须进行病例报销等烦琐手续，大病、重疾则由保险公司提供保障；比如联合轻松筹、轻松保打造的"叮当轻松保"，将日常运动健身与保险保费挂钩，更符合年轻人"胃口"；比如与轻松保联合推出的针对特定疾病或其他标签人群的定制保险，给用户带去更多精准有效的健康保障等。健康新生态战略，配合着全时、全域、全场景健康服务，正是帮叮当快药实现与竞争对手拉开巨大差距的关键一步。

叮当快药 | 医药保养健康新生态

医
互联网医院
专业医师药师

药
自营药房

养
供应链整合

保
自建配送
战略合作

图 1-9　叮当快药健康新生态

7. 空间

对于空间维度的创新，要讲讲欧派这个案例。欧派是行业内第一个提出"由产品定制走向家居空间定制"的家居企业。2007年，欧派面临品牌与管理提升的双重挑战：虽然橱柜业务暂时领先，但是和其他几个竞争对手的差距并不大，它不得不面对不断跟进的对手和因自身品牌延伸带来的管理障碍。

天进经过调研发现：市场上厨柜与厨电的融合趋势已经显现，所以推出"整体厨房"正是时候。消费者开始认识并接受橱柜与厨电一体化的产品，他们认可整套的一次性购买，认为这样做厨房的风格会更加统一，更好看，而且方便省事，安装和售后不用协调更多人。在天进的建议下，欧派开始从"橱柜"升级为"整体厨房"，并为此建造了全新的整体厨房制造中心，实现了从橱柜到整体厨房的第一次跳跃。两年多的时间，欧派成为整体厨房这个细分领域绝对的领军品牌。

欧派的第二次跳跃是从整体厨房到全屋家居的转变。从2011年开始，欧派开始规模化发展衣柜、木门、卫浴、吊顶等品类，但当时是多头并进，各个品类各自为政。2013年年底天进第二次给欧派规划品牌战略，我们看到消费者个性化、多元化、小批量消费趋势开始形成，并且对全屋风格有统一需求。

经过系统的研究，天进提出了"全屋定制"的模式，建议欧派率先由产品定制走向家居空间定制，具体包括定制厨房、定制卧室、定制浴室、定制客厅，推动欧派实现第二次跳跃。2014年欧派正式启动全屋定制模式。与此同时，天进推动欧派开启"大店"的经营模式。在这种节奏下，欧派一步一步接近其大家居王国的目标。如今的欧派，更加注重拓宽生态的边界，开始走向家居、家电、智慧科技融合的智慧家生态。

欧派的发展路径示意如图 1-10 所示。

欧派 | 从橱柜到智慧家的生态战略扩张

- 2008年启动整体厨房，2011年成为整体厨房领域的绝对领导品牌
- 开始规模化发展衣柜、木门、卫浴、吊顶等品类
- 2014年开始启动"全屋定制"，成为家居行业发展趋势引领者
- 2019年营业额达140亿元
- 走向家居、家电、智慧科技融合的智慧家生态

图 1-10　欧派生态战略扩张

关于欧派的案例，我们会在 1.4.3 节进行深入介绍。

8. 物 / 事 / 服务

这里分享一个物 / 事 / 服务维度创新方面的案例。阿凡达 i 宝机器人这个品牌与天进开始合作时，属于市场的新进入者，其依靠技术领先，能够与市场上其他竞争对手拉开一定的差距。阿凡达 i 宝机器人和一个蹲下来的人是差不多高的，它会唱歌、跳舞、聊天。当我们说话时，这个机器人还会扭头看向我们，智能声音感应的效果非常好。这么聪明的机器人，售价大约 1 万元。

在市场、渠道、品牌知名度都不占据优势的情况下，我们建议阿凡达 i 宝机器人先以中国新生代父母这个细分市场作为战略的发力点，打造机器人行业的第一个"学童智慧生态圈"。为了更好地打造"学童智慧生态圈"，我们建议阿凡达 i 宝开放自身内容平台，与教育机构、娱乐机构、资讯机构跨界合作，共同开发儿童教育内容，如图 1-11 所示。

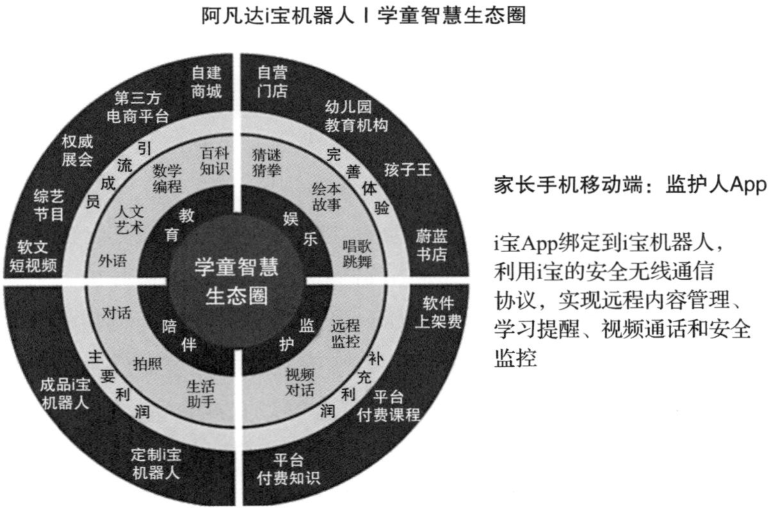

阿凡达 i 宝机器人 | 学童智慧生态圈

家长手机移动端：监护人App

i宝App绑定到i宝机器人，利用i宝的安全无线通信协议，实现远程内容管理、学习提醒、视频通话和安全监控

图 1-11　阿凡达 i 宝机器人：学童智慧生态圈

试问大家，如果阿凡达 i 宝机器人仅依靠自身开发内容，需要投入多少时间和资源？所以，当竞争品牌还在强调"产品技术"时，阿凡达率先实现从"卖硬件"向"卖内容"的商业模式升级。战略落地后，阿凡达开放内容开发平台，为孩子提供各个阶段的

智力开发类课程、艺术类特色课程等，提高产品本身的教育价值。

同时阿凡达打造了 i 宝 App，帮助家长实现远程内容管理、视频通话、学习提醒、安全监控等功能。天进认为，"智慧生态"将成为阿凡达决胜陪伴型机器人消费市场的关键点，以"智慧生态"为基础建立起来的品牌价值，在某种程度上对整个机器人市场具有颠覆性意义。

9. 支付方式

支付方式创新包含 3 种模式。

- **共享模式**：从一次性支付到长期租赁模式。比如共享模式本质上就是支付方式的创新。从一开始的共享单车到后续的共享衣物、共享充电宝，再到共享员工，甚至共享产能等，这种创新模式既为用户提供了全新的产品和服务，又实现了新经济企业与传统企业的跨界合作，甚至协调资源。
- **会员制零售模式**：只有会员才能付费购买。比如，沃尔玛旗下的高端会员制商店山姆会员商店只对会员开放，一张卡只能进 1 个人。再比如，生活综合服务类会员制电商消费平台斑马会员 App，专为精英人群提供全方位生活化管家服务，覆盖出行旅游、酒店住宿、在线教育、金融保险、汽车等生活权益消费领域，专注打造会员服务的生活圈。
- **刀架和刀片模式**：指低价销售一款设备，通过重复销售相对高价的耗材盈利。特斯拉的商业模式就是如此，即以较低价格售卖特斯拉汽车，通过车联网功能、在线系统升级（OTA）和全自动驾驶（FSD）实现盈利。如今特斯拉还推出了"高级车载娱乐服务包"订阅服务，费用为每月 9.99 元人民币。

10. 交互维护

在快消品领域,产品是品牌和消费者联系的纽带。过去,产品一旦实现自身价值后,就会被扔掉,这其实是连接的中断。在新媒体环境下,企业需要将产品作为一个媒介,持续地、大范围地与用户互动,才能完成品牌传播。

举个例子。过去我们买一瓶王老吉,喝完就和王老吉这个品牌没有关系了。现在可不是这样,每个瓶身都有一个二维码,用户扫一下就进入了王老吉的生态圈中。仅仅这样还不够,王老吉还打造了一个线下终端——1828王老吉,满足用户对体验的要求。王老吉的生态圈不仅融合了超级媒介、超级入口、超级平台、超级联盟,还融合了庞大的消费者用户,形成了以凉茶消费为基础、以用户体验为核心、以参与性互动及定制化服务为支撑的超级生态圈,如图1-12所示。

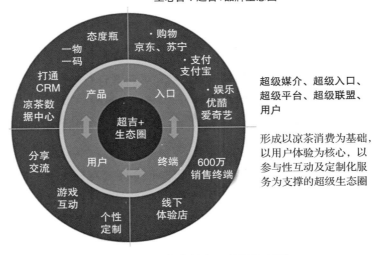

图 1-12 王老吉超吉 + 品牌生态圈

它的创新之处在于，重构了饮品与用户的交互方式，打造了王老吉的大数据中心，完成从线上到线下，从单品到连锁，从凉茶到新型茶饮的战略布局。

1.3 单一品牌不能通吃，用品牌架构协调业务布局

品牌架构是指实现品牌组合的组织结构，具体规定了各品牌的作用，界定了品牌、产品及市场背景的关系。一个逻辑清晰、构思巧妙、管理完善的品牌架构，能确保多品牌之间保持平衡，避免重心模糊、市场混乱和资金浪费。

1.3.1 品牌架构类型，从基础概念讲起

品牌架构主要分为 3 种，下面就对这 3 种架构的概念、优缺点进行详细介绍。

1. 单品牌架构

单品牌架构是指一个公司只拥有一个品牌，并且以一种产品形式存在。更普遍的情况是，一个品牌旗下拥有多个产品，并且涉足多个领域。一般来讲，如果一个公司只拥有一个品牌，公司的所有产品都使用同一个品牌的架构形式，那么使用单品牌架构即可。

单品牌架构的优势在于，品牌势能可以从一个领域延伸到多个领域，从而降低品牌的传播成本，提高营销效率。移动互联网时代，粉丝效应显著。好比现在的网红、明星带货，大家信任这个人，就会消费这个人推荐的所有产品。消费者若相信品牌背后代表的高品质，就有理由相信该品牌下所有的产品都是高品质

的，这些产品就很容易被市场接受。

劣势也很明显：单品牌架构抗风险能力低，并且当一个品牌的覆盖面过大、涉足过多领域时，消费者容易混淆品牌定位和价值诉求，品牌的可信度甚至会受到影响，消费者对品牌的忠诚度也会被削弱。

2. 多品牌架构

单个品牌的力量往往有限，而多品牌的力量可以不断整合和放大。多品牌架构是指一个公司拥有两个或两个以上的品牌，每个品牌又包括一个或多个产品，这些产品可以涉及多个领域，也仅可以涉及相同领域。

多品牌架构具有抗风险能力强的特点。企业采取多品牌架构，不仅能做到攻守兼备，还能细分和扩张市场。企业能以不同产品充分满足不同细分市场的需求，以此增加产量和利润。

多品牌架构也面临着诸多挑战：一方面，多品牌必然带来高成本，每个品牌都需要资源进行相应建设；另一方面，多品牌架构对品牌的定位要求更高，尤其同一产品领域的不同品牌。定位混乱会造成内部恶性竞争，带来不必要的内耗。

3. 集群品牌架构

集群品牌架构是多品牌架构中的一种，也是天进基于多年实践经验创新推出的品牌架构组织工具。集群品牌架构的定义比传统品牌架构更加宽泛，具体是指企业根据整体战略，确定包括企业品牌、领导人品牌、业务品牌、产品品牌、线下终端品牌、平台/服务品牌、活动品牌、会员品牌及自媒体品牌等多品牌的组合形式结构，并使它们成为有机协同的整体。

1.3.2 传统品牌架构模式,解决企业的业务难题

企业可能会面临这样几种情况:要拓展新业务领域,采取多元化经营战略,产品线复杂,以及企业兼并重组等。此时,如果企业缺乏明确的品牌架构策略,往往会导致市场营销策略的混乱、资源分配的不合理。品牌架构定义了公司所拥有的品牌数量、各个品牌承载的市场使命以及品牌之间的关联性,这些因素协同发力才能为企业增值。

品牌架构的选择需要以明晰的未来战略和业务架构做基础。如图 1-13 所示,自上而下,公司战略指导着业务架构的制定,业务架构指导着品牌架构的制定;自下而上,下层起着支持的作用。

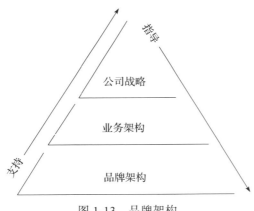

图 1-13　品牌架构

决定采取何种品牌架构,需要兼顾内因和外因。

❑ 内因主要在于企业本身,如历史沿革,企业文化等。
❑ 外因包括社会文化背景、市场竞争、消费者成熟度等。

现实中存在着这样两种极端的选择——统一倾向和多元倾

向，如图 1-14 所示。

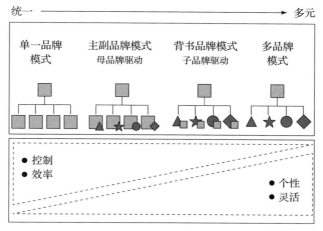

图 1-14　传统品牌架构模式

1. 统一倾向

所谓统一倾向，就是多个品类共享同一个品牌，品牌凌驾于所有产品之上。这种选择可以把控制、效率的作用最大化，如此就能聚焦所有资源在同一个品牌上。海尔就是这样的品牌，它包括了很多品类，空调、电冰箱、洗衣机、电脑等。旗下产品烙上企业统一品牌标识，可以继承或享受到已经建立的市场影响力和品牌形象资产，增加信任来源，从而节约营销成本并缩短导入时间。

对于统一倾向，要注意一个问题：万一某个品类出了问题，会殃及其他所有品类。另外，共享式的品牌延伸行业跨度不宜较大，因为这样会很难使受众嫁接品牌联想，从而导致统一品牌不能为新品产生良好背书效应，并且会使消费者对品牌产生分裂的认知，模糊品牌个性，从而稀释品牌资产。

2. 多元倾向

多元倾向十分强调灵活、个性，是企业为了响应不同细分市场常用的品牌架构策略。当母品牌与子品牌形象上有冲突时，就需要对母品牌进行隐身处理。极少有人知道 SK-Ⅱ 是宝洁旗下的产品，因为在 SK-Ⅱ 上找不到任何宝洁的身影，否则宝洁大众日化的形象肯定会让 SK-Ⅱ 的高端精品形象降级。即使名人之选的欧米茄与时尚新潮、价格相对低的斯沃琪为同一家公司，也会设法彼此隐身，因为在两者之间建立联系只会损害品牌形象。

一般来说，母品牌和子品牌之间都要撇清关系，这是因为二者之间行业跨度太大。为了充分保证子品牌的行业属性和个性的纯粹，它应该被给予充分的自治权。品牌架构选择的艺术在于对统一倾向和多元倾向进行轻重对比，在两个极端之间取得平衡，以调配出最佳效果。有两种模式可供参考：**主副品牌模式**（母品牌驱动），公司标识或名称用于旗下所有业务，业务本身带有独立的标识或名称；**背书品牌模式**（子品牌驱动），所有子品牌通过图形或字词的形式与主品牌取得联系，以得到主品牌的背书支持。

总之既要利用好品牌之间的价值驱动，也要规避形象冲突，才能实现最优品牌架构。

1.3.3 业务品牌规划背后，藏着明确的战略角色与分工

当品牌发展到一定阶段时，如果单一品牌不足以抗衡市场上的竞争对手，就有必要设计一个集群品牌，以团体的形式出击。集群品牌规划是否有效，战略角色和分工非常关键。不同品牌，营销角色也有所不同，有走量的，有打击竞争对手的，有盈利的，还有提升形象的，即不同品牌，其功能不同。

1. 根据不同细分市场划分

举个例子,嘉里粮油在市场扩张过程中,天进帮助其子品牌金龙鱼设计了一个金字塔舰队结构,奠定了金龙鱼在未来扩张中的稳健发展模式。

其中第一阵营是综合旗舰品牌金龙鱼,涵盖调和油、葵花油等众多品类,未来甚至可能延展到其他产业(如大米),定位为面向大众市场的一线品牌,形象高端,广告投放量大,其下产品全国统一定价。第二阵营是综合品牌香满园及核心专业品牌(如胡姬花花生油、鲤鱼菜籽油),未来可能发展橄榄油专业品类,定位为中高端品牌,有一定的广告投放量,集中培育专业品类的影响力。第二阵营作为金龙鱼的补充,参与地域价格竞争。第三阵营是区域性及补充性品牌,定位为中低端品牌,不投放广告,其下产品的价格灵活,必要时以价格战攻击对手,保护金龙鱼等品牌。

2. 针对不同目标人群划分

天进为在多品牌作战中的恒安卫生巾明确了旗下三大品牌各自的优势和任务:七度空间主攻中高端市场,肩负起潮流先锋的品牌使命;安尔乐主导中高端市场,目标锁定职场白领;安乐主攻低端市场,主打追求实惠和性价比的家庭主妇,以高竞争力突破价格战包围。

总之,营销术金字塔中,需要位于下方的走量产品,帮助企业形成规模经济,从而降低企业成本,使企业成功抢占更多市场份额、阻击对手、保护自己。在下方产品的保护之下,金字塔上方的产品可针对高端目标客户群,占领最大利润空间。这就是营销术金字塔的绝妙之处。

一个理想的集群品牌需要不同功能的产品或品牌组合,不同品牌之间应该高效协同，充分发挥各自的威力，但不能透支原有的品牌。

1.3.4 单一业务品牌之下，存在多种形式的子品牌形态

集群品牌架构较为丰富，包含领导人品牌、企业品牌、业务品牌、产品品牌、线下终端品牌、平台/服务品牌、活动品牌、会员品牌及自媒体品牌等，不同品牌具体划分维度如下。

（1）**领导人品牌**：基于企业领导人对外形象传播和影响力建立的需求来构建品牌。比如微软的比尔·盖茨、特斯拉的马斯克、阿里巴巴的马云、腾讯的马化腾、格力的董明珠等，都是擅长自我营销的企业领导人。

（2）**企业品牌**：基于企业形象塑造及建立影响力的需求来构建品牌。比如宝洁是企业品牌，宝洁旗下还有海飞丝、飘柔、沙宣等业务品牌。

（3）**业务品牌**：基于不同目标人群及其需求来构建品牌。比如澜沧古茶旗下现有两大品牌，分别是针对中高端市场的普洱茶垂直品牌澜沧古茶，以及主打快消市场的茶妈妈；再比如，恒安卫生巾旗下有三大品牌——七度空间、安尔乐、安乐，分别主打不同人群。

（4）**产品品牌**：基于不同品类及产品来构建品牌。比如澜沧古茶这一品牌之下还包含001、0085、乌金、千秋龙团等产品品牌，不同品牌会在某些特定节点及重要时期推出。

（5）**线下终端品牌**：基于不同类型终端来构建品牌。比如王老吉品牌旗下终端门店，不是叫王老吉，而是叫1828王老吉。1828强调王老吉历史悠久，把这一特点赋予门店，形成终端门店品牌。

（6）**平台/服务品牌**：基于不同平台及其服务来构建品牌。

比如联塑旗下的五金电器家居购物平台品牌"有市"、东鹏推动组建的陶瓷产业链整合平台品牌"众陶联"、星巴克旗下外卖品牌"专星送",都属于平台/服务品牌。

(7)**活动品牌**:基于不同主题活动来构建品牌。比如澜沧古茶每年举办品牌活动"回家之旅",该活动被评为中国十大茶事活动之一,也因此形成了活动品牌。

(8)**会员品牌**:基于不同业务、终端门店及平台会员来构建品牌。比如澜沧古茶的会员平台叫古茶乐园,而非澜沧古茶,这是为了充分体现澜沧古茶给客户带来的美好体验。

(9)**自媒体品牌**:基于自媒体矩阵建立与输出的需求来构建品牌。比如许多定制家居品牌开始培养自己的网红设计师,这时直接用业务品牌往往难以获得用户信任,故需要构建自媒体品牌。比如,尚品宅配培养的设计师直接取名"阿爽",同时确立自身的定位,快速获得消费者的喜爱。

1.3.5 "说服力+有效度"决定集群生态圈品牌的命名

好的品牌名,一本万利,听音知名,说一遍人们就记住了,比如欧派、王老吉、多彩贵州、农夫山泉、周黑鸭等。而差的品牌名,就像鞋中沙,会给人不专业的印象,而且往往投入大量传播成本后依然不能让人们记住。

好的品牌命名应注意两点:说服力和有效度。

1. 说服力

一个好的品牌,能够让人从名字直观联想到品类特性,并反映品牌的核心价值。

举个经典的例子——帮宝适。宝洁公司旗下的"帮宝适"品牌，如今已是世界知名婴儿纸尿裤品牌，其目标顾客就是妈妈族群，而且是 0～2 岁婴幼儿的妈妈族群，主要集中于 20～34 岁年龄段。

"帮宝适"在进入中国市场之前，直接目标锁定的是"母亲"，品牌定位是方便高效，结果却出人意料。调研发现，许多母亲对使用纸尿裤心存内疚，认为选择"帮宝适"意味着只顾自己方便，等于自己是一个忽视孩子的、懒惰的、不称职的母亲，导致她们对于"帮宝适"有抵触情绪。

意识到这一点后，帮宝适重新定位，把产品利益放在婴儿受益一方，强调纸尿裤吸水性更强、更卫生、柔软舒适的优点。很快，产品畅销全球。进军中国时，直接将定位融入品牌名中，取名"帮宝适"。由此，"帮宝适"在目标消费者中的知名度达到99%，成为市场上的领导品牌。

好名字不仅能反映定位和品牌核心价值，还能够让用户产生信任感。

2. 有效度

有效度要尽量高，即在听得出、记得住、愿意说三个方面尽量做到做好。要想实现这样的效果，需要从如下方面入手。

- ❏ 切忌使用生僻字，如犇、羴、鱻等，不要跟顾客玩文字游戏，对不认识的品牌名，他们是不愿意转介绍的。
- ❏ 要简短。一般两个字或者三个字的品牌名是最好的，四个字是品牌名长度的极限。品牌名太长，也会增加传播成本。
- ❏ 避免字母缩写与混合文字。

- 避免与其他品牌混淆。如果与其他知名品牌太相似，很容易被当作山寨品牌，比如你若是想打造金银珠宝品牌，就不适合用"周 × 福"这样的品牌名，因为和"周大福"太像了。
- 避免高频同音词和多音字。

1.4 天进案例连接——品牌打造经典案例分享

1.4.1 慕思：从床垫到睡眠空间

慕思在 2004 年始于中国广东，时至今日已经成长为中国高端寝具行业领导者。自 2008 年到 2016 年，天进为慕思提供品牌营销战略规划。合作的第二年，慕思销售额从 3 亿元提升至 6 亿元。2010 年，慕思国际化进程被正式提上日程。2014 年，慕思正式进军国际市场，截至 2021 年 7 月，在全球已拥有 1400 多家经销商和 3500 多家线下专卖店。

你也许会诧异，一个广东的床垫品牌竟然在十年间成长为中国寝具行业领导者，甚至开始对国际市场摩拳擦掌。纵观慕思多年的发展，"卖产品—卖系统—卖场景"很好地诠释了慕思的产业扩张和战略升级历程，如图 1-15 所示。

1. 从卖产品到卖系统

大多数情况下，消费者倾向基于品类进行思考。当消费者产生某种需求时，想起的往往是该品类的领导品牌。而将品牌品类化就是实现第一时间抵达消费者需求的有效策略。最初，慕思向消费者传递的品类概念是"慕思寝具"。但是天进通过调研发现，消费者对"寝具"的认知并不一致，有人想到床垫，有人则认为是床架,而且"工业品"的感觉太强烈。因此天进建议将慕思寝具升级为"睡眠系统",在消费者脑海中建立慕思和睡眠的直接关联,当他想睡得健康的时候,首先就会想到慕思。而慕思应该为消费者的健康睡眠提供一整套的产品组合,而不仅仅是床垫。更深层的考虑基于以下 3 点原因。

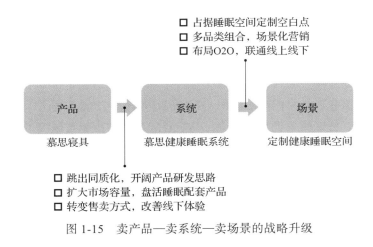

图 1-15　卖产品—卖系统—卖场景的战略升级

1）跳出同质化,开阔产品研发思路

不同于绝大部分床垫品牌基于"舒适"的定位,天进提出慕思应基于"健康"进行定位,跳出同质化。天进通过市场分析发现,绝大部分的床垫品牌将核心利益聚焦在"舒适"上,如皇家"舒适宝"宣传软硬两用垫,金雅兰系列宣传"给你舒适好睡眠"。而慕思的目标消费群主要是中国追求品质生活的人群,相较于"舒适","健康"才是他们真正的需求。有 86% 的受访者表示,愿意为了健康而放弃舒适的生活方式(例如他们会放弃睡懒觉而花更多时间晨跑)。而这一价值,正是目标消费者最需要且未被其他品牌所占领的。因此,天进主张将健康睡眠作为主要

的诉求,将睡眠系统进一步界定为健康睡眠系统。

"健康"的品类定位全方位渗透到了慕思产品设计、卖场终端等诸多方面,并且通过产品的升级迭代,反过来升华和延展理念本身。第一代睡眠系统停留在保证健康的基础层面(除菌透气网、防虫防螨等);第二代、第三代睡眠系统在科技含量上更进一步,不仅可以智能调节排骨架、床品微环境,还配备了健康测试系统;到第四代,睡眠系统俨然是一个智能化的私享定制系统,融合健康睡眠与休闲娱乐功能,甚至配备了氧吧环境空气清新系统、静心睡眠环境营造系统等。

2)扩大市场容量,盘活睡眠配套产品

"睡眠系统"不仅包括某一特定产品,还包括以睡眠需求为核心的产品组合,包括基于消费者身体特征量身定制的各个细分单位,甚至可能涉及音乐和空气。这也预示着更大的产业空间,中国的软床市场规模为2000亿元,扩大到家纺行业则有1万亿元。给消费者"一个系统,整套购买"的心理暗示,可以盘活睡眠配套产品。

3)转变售卖方式,改善线下体验

这里的"售卖方式",并不是一直以来寝具业所推崇的"体验式营销",而是"顾问式营销"。慕思的多数竞争对手以"体验"为主要服务模式。当消费者走进卖场后,导购人员大多引导消费者去亲身体验不同床垫的舒适程度来达成销售的目的。

然而,这样的体验除了让消费者感受到软和硬之间的差别,并不能提供更多的指引。天进在调研中发现,真正打动目标消费者的并非舒适的体验,而是专业的顾问意见。一直以来为寝具业所推崇的"体验式营销"或许是误区,而"顾问式营销"才真正

迎合了中高端消费者的需求。因此，在销售终端，慕思导购皆以"专业顾问形象"出现，通过睡眠系统测试，结合身高、体重、年龄、睡姿得出最舒适的睡床数据，优化调整寝具各部分，并给出健康系统建议，包括作息、饮食习惯等。

天进帮助慕思跳出市场上常见的"体验型销售模式"，转为"专家顾问型销售模式"，并改变了消费者靠自身经验判断床垫"舒适"与否的习惯，以专业建议影响消费者的购买行为，转移他们对床垫的关注点，转而传递"专业、智慧"的品牌形象，增强消费者对健康的认知和重视。

2. 从卖系统到卖场景

随着用户需求的改变，仅"卖系统"已经满足不了用户的需求。天进敏锐地洞察到当下用户最新的需求——场景化需求。于是建议慕思继续开拓睡眠健康新维度，致力于家居整体空间的打造。

通过进一步调研，天进发现当下市场上的消费者在购买家居产品时存在"消费盲点"：在整体家装阶段，用户重点关注床垫、床品、衣柜等单品，缺乏对整体空间的考虑。此外，天进还发现，目前的家居市场消费存在专业导向偏差，设计师与用户对卧室空间的设计更多停留在外观搭配上，缺乏对健康睡眠内核价值的专业考虑。因此，天进建议慕思采取激发消费者"场景化需求"的策略。

场景化需求具体而言就是由睡眠需求激发的一系列需求。事实上，家居的不同功能空间被各大品牌占据。一提到整体橱柜，多数消费者可能会首先想到欧派，一提到整体卫浴，可能会先想到箭牌，而提及整体衣柜则会想到索菲亚，却没有一个品牌抢占消费者关于睡眠空间的第一联想。而慕思，凭借既有品牌资产沉淀以及产业扩张的潜力，可以占据这一市场空白。因此，天进建议打造"健康睡眠空间"的概念，倡导消费者建立"专业定制健康睡眠空间"的家装理念和生活方式。

然而，实现睡眠空间的专业定制并不是一件容易的事情，其中最难的地方在于资源的整合。因而，天进建议慕思建立全渠道商城，一是通过这个平台可以很好地实现品牌内部的信息化操作，二是线上展示不受束缚，从消费者的感官体验入手，从听觉、气味、饮食、触觉、心理、色彩等方面入手发展各种家居品类，比如睡眠音乐、香薰、助眠食谱、床垫、床品、助眠书籍、灯等，全方位满足消费者的"场景化需求"，实现专业化、定制化的用户价值。

专业定制睡眠空间的主要突破点在于3个方面。

（1）**单点聚焦**：商城价值聚焦，建立"健康睡眠空间定制"差异化功能平台。

（2）**强相关性**：产品类别多元，并非简单叠加，而是助眠空间的科学关联设计。

（3）**习惯改变**：不再是单纯成品消费，而是助眠空间定制设计，提高竞争价值，提高产品的消费频次。

此外，平台还致力于整合多方资源，打造设计师联盟、健康睡眠顾问及定制空间配套商家，最大程度满足消费者的需求。

如今，慕思成立"慕思会"会员中心，全球首创以"定制健康睡眠"为主题的高端睡眠酒店系列，以高端大气的店内环境设计、"线下体验、线上下单"的睡眠岛新零售模式，以及先进睡眠检测设备，帮助全球会员得到专享的科学定制服务与舒适体验。

1.4.2 东鹏：从陶瓷制造商到地墙一体化服务商

在 2015 中国最有价值品牌 500 强致敬盛典上，东鹏陶瓷与中国工商银行、腾讯、华为、中国建设银行、阿里巴巴等品牌一起跻身中国最有价值品牌 500 强。166.32 亿的品牌价值，让东鹏成为建陶业的知名品牌。2020 年东鹏成功上市，开始向千亿东鹏的飞跃。

1. 建陶行业发展放缓，"大家居化"急速扩张

2014 年，天进携手东鹏，梳理了东鹏当时所面临的 3 个挑战。

（1）建陶行业发展趋于理性，很多建陶企业的发展速度都在减慢，东鹏也不例外，增长在继续，但是增长速度放缓，如何突破瓶颈是当时面临的问题之一。

（2）建陶行业进入从充分竞争阶段向寡头形成阶段的过渡，但是东鹏在寡头形成阶段的竞争中已稍落下风。

（3）面对复杂多变的新环境、新形势，东鹏的发展路径和品牌定位不明确。

当时，泛家居行业正面临"大家居化"急速扩张的局势。欧派、大自然地板、箭牌卫浴等国内各大泛家居品牌正积极从品类切入，加入整体家居战局。东鹏也有这方面的想法，甚至已经计划要收购一些橱柜、衣柜企业，以此扩张整体家居布局。

2. 地墙处在同一装修阶段，东鹏更适合向墙面延伸

天进通过调研发现，大多数消费者现阶段不接受东鹏进行大幅度的品类延伸。东鹏应该全盘考核，把握节奏，谨慎考虑品类延伸。但另一方面，调查又显示，消费者目前对客厅瓷砖上墙的接受程度呈现上升趋势，如图 1-16 所示。

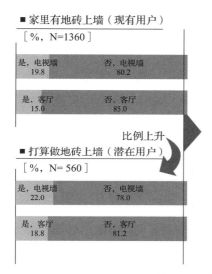

图 1-16　东鹏调研

数据来源：《2014 年东鹏品牌及大家居整合研究项目》– 定点街访 DII；门店拦截 A17。

消费者不能接受东鹏做整体家居，但能够接受它往地板、木地板、涂料这方面延伸，因为地面与墙面装修是在同一时段，是同步去设计的。所以这是一个很好的机会，把东鹏变成地墙解决方案的领导者，通过地墙品类的延伸达到品牌扩张的目的，也可以使得业务增长，经销商也乐意配合。想想看，卖瓷砖的时候，顺便完成一些地板或涂料产品的销售，整体客单价也就上去了。毕竟在装修的时候，消费者需要瓷砖，也需要地板、涂料，而东鹏具备足够大的品牌影响力，让消费觉得可信赖。

3. 转型地墙一体化整体家居服务商，抢占行业入口资源

针对这一系列挑战，天进帮助东鹏创新商业策略，提供地墙一体化的多品类整体家居解决方案，建议东鹏参股"靓家居"家

装公司,抢占行业入口资源。这让东鹏踏上了从制造商向服务商的转型之路。

基于天进提出的地墙一体化战略,东鹏在原有基础上成立了地板、涂料等事业部,它对外的广告展示也已经变成"瓷砖、卫浴、地板、涂料整体家居"。至此,东鹏正式走上地墙一体化的整体家居服务商转型之路。

这个战略的重要意义不仅是品类延伸那么简单,更关键的是把东鹏从一个制造商变成一个服务商,即地墙整体解决方案的提供者。

东鹏必须把服务商的品牌与影响力做强、做大。从未来的发展方向来说,地墙一体化的产品解决方案势不可挡,东鹏正向这个方向不断进化。

4. 布局家装市场,抢占价值链入口

前面说过,东鹏原本是想收购橱柜企业去扩张,但是消费者现阶段不接受东鹏进行大幅度的品类延伸,所以这个计划暂停了。取而代之的是,接受天进给东鹏的战略建议,布局家装入口。天进通过调研发现,虽然瓷砖产量增长回归平稳,但家装市场每年仍然保持10%的增长率。另外,先找家装公司再找产品的消费者已经占据67%,这比例很大了。在泛家居这条价值链里面,无论是陶瓷还是地板、橱柜等,装修公司其实是在前端的入口位置,占据入口具有重要的战略意义。

因此,在这种战略思维的指导下,东鹏在家装入口端做出了一系列布局。

首先,东鹏家居入股互联网家装第一平台"家装e站"。"家装e站天猫旗舰店"是爱蜂巢经营家居装修的线上平台,在中国线下门店有近 400 家，组成全国性标准化家居装修服务系统。投资爱蜂巢将可让东鹏透过此电子商务销售平台扩展其销售渠道，并把握中国电子商务领域快速增长带来的机遇。其次，东鹏参股靓家居家装平台，借助靓家居多年来形成的设计、施工、管理和服务上的优势以及全渠道一站式整体家居发展模式，双方将从产品、渠道、套餐、房地产"精装个性化定制"四个维度展开深度合作。

东鹏一方面在品牌展示和家居设计上不断拓展，另外一方面在消费者互动体验上不断强化。这为其成功上市并向世界级的"千亿东鹏"出发奠定了基础。

1.4.3 欧派：从橱柜到智慧家

在家居家装领域，不同业态通过融合，为消费者提供硬装和软装的一站式、定制化购物体验已渐成消费主流。坚持专业化的企业开始把产品线拉长，钟情于市场运作的企业开始涉足另一个新的市场领域并抢占份额，都希望在产品相联、渠道相通的领域有新的收获。在这一点上，欧派的做法是不可错过的优秀向导。

天进自 2007 年与欧派牵手以来，一直合作至今，陪伴欧派成长。天进推动欧派从橱柜行业的领先品牌成为整体厨房行业的领导者和代名词，更见证了欧派从橱柜到整体厨房再到大家居领域的战略扩张，见证了欧派销售额从 2007 年 3 亿元到 2014 年 60 多亿元的狂飙式增长。

欧派最初立足华南大本营，后逐步覆盖全国市场。早期欧派以橱柜为主营业务，出货额 10 亿元，衣柜业务刚起步，卫浴业务艰难前行。当时的欧派拥有门店 300 家，经销方式为区域代理独家经销，以家居卖场和建材集散地为主，直营专卖店为辅。当时的品牌策略是聘请蒋雯丽为形象代言人，并在央视投放广告。欧派的核心竞争力主要在于：零售市场采用定制模式，在标准模块的基础上按照需求进行组合，采取成本领先战略，追求品质稳定、规模第一。

2007年，欧派面临品牌与管理提升的双重挑战，这部分内容前面介绍过。起步于橱柜的欧派，在2007年年底成为橱柜一线品牌后，下一步该怎么发展？欧派亟需战略规划。

1. 从橱柜到整体厨房

前面介绍过，天进经过调研发现：市场上厨柜与厨电的融合趋势已经显现，推出"整体厨房"正是时候。原因包括三个方面。

首先，消费者的习惯已经发生变化。早期的消费者在西门子、华帝等传统厨电品牌的长期教育下，已经习惯了橱柜和厨电分开购买，但现在他们开始主动选择橱柜与厨电一体化的产品。

其次，传统厨电遇到挑战。在传统的厨电行业，安装配置、售后服务等方面存在着种种问题，而且单独购买的厨电难以与整体厨房的设计与风格搭配。在消费者看来，整套一次性购买风格更统一，更好看，且方便省事，安装和售后不用协调更多人。

最后，此时的欧派已经进入橱柜的第一阵营，具备相当的实力，有条件在相关领域进行扩张。

根据天进的建议，欧派开始了从橱柜向整体厨房的延伸，以期完成第一次跳跃。天进建议欧派规划建造全新的整体厨房制造中心。新的整体厨房制造中心采用全套现代化的生产流程，其中所有的生产设备及生产加工线都是从德国原装进口，均严格按照目前世界上生产厨柜的最高标准来设计。2008年，欧派实现了从橱柜到整体厨房的第一次跳跃。

2009年,世界经济仍未摆脱金融危机的阴影,家居行业总体的形势亦不容乐观。此时的家居行业,增长缓慢,国外出口受限,国内房地产市场低迷,可以说是内忧外患。在这种情况下,谁能争取到更多的客户,谁就能首先渡过难关。

当时,家居的客户主要来自两个市场——工程批量采购和终端个人消费者。面对工程客户时,单个品牌商最不利,一方面会被迫在工程商的压价下削薄利润,另一方面疲于应对同行业竞争者的市场侵蚀。但在面对终端个人消费者时,天进发现一大重要趋势:一站式的消费方式开始受年轻消费群体的青睐。

鉴于这种现状及趋势,天进认为不同品类与其各自奋战,不如抱团取暖:如果与地产商一对一会处于弱势,那么多对一的力量则肯定不可小觑;如果买橱柜的消费者还在想买衣柜、卫浴、陶瓷、地板,那为什么不可以把这些家居一起卖给他?值此契机,由欧派牵头,打造一个家居品牌联盟来应对金融危机,可能是一个聪明且适时的选择。异业联盟,即不同产业之间的合作联盟,如果产业组合得当,将会产生"1+1>2"的协同效应。

然而,如何选择联盟对象值得思考。天进认为,以下几条需要遵循。第一,业务互补而非直接竞争。欧派是橱柜领域的代表品牌,联盟品牌也必须是各领域顶尖的品牌,要具有销售量大、品牌影响力大的特点。第二,理念不同不相为谋。联盟品牌必须对联盟有共同的认知,且在品牌定位和产品定位上相当。第三,消费重合度高。联盟品牌必须有相对强势的渠道资源和匹配的客户群体,这样才能实现资源整合的最大化,促使联盟成员成为业内强势品牌。

最终，欧派与大自然地板、东鹏陶瓷、雷士照明、美的中央空调、红苹果家具组建了联盟，携手应对危机。基于这些品牌在各自领域的影响力，秉承给消费者最优质的产品的理念，该联盟命名为"冠军联盟"。随后，天进为其提出"整体家居，绿色典范"的核心价值理念，倡导用低碳环保的绿色理念引领中国家居的发展趋势，让联盟成员立于行业之巅。

经过天进三年的品牌管理运作，冠军联盟取得了可喜的成效。它引领联盟成员企业摆脱低谷，实现业绩的共同提升。开展联盟活动区域平均销售增长率50%，进一步拉大与竞争对手的差距。同时，冠军联盟的品牌影响力也得到了不断提振。2009年，通过工程联盟精装地产私享会、博鳌21世纪房地产论坛、设计师沙龙活动、绿色家装手册、百城千店及千城万店联合促销活动等，提升联盟品牌知名度和联盟成员信心，也使冠军联盟获"2009中国最佳商业模式大奖"。2010年，参加博鳌房地产论坛年会、组织设计师大赛活动、开展"绿色环保——我为零碳种棵树"活动、举办中日韩设计界高峰论坛、参展深圳住交会、举办元旦促销、开展总裁签售促销等，进一步提升联盟品牌公信力。2011年，以"解码冠军联盟"两周年研讨会、博鳌房地产论坛年会、设计师沙龙活动、联盟幸福团购等持续拉动联盟品牌成员销量，提升品牌美誉度。

2. 从整体厨房到大家居

在之前的成绩上，从2011年开始，在前期摸索基础上，欧派规模化地发展衣柜、木门、卫浴、吊顶等品类，多头并进，平行发展，正式启动进军大家居的新3年发展战略规划。2013年以来，欧派制定了3年营业额由40亿元迈入100亿元的集团战略目标。

欧派作为整体厨房的领导品牌，在向大家居王国迈进的路上，除了给消费者"有家，有爱，有欧派"的家庭幸福感外，更代表着一种引领未来趋势的生活方式和家居理念，承载着大品牌的气质与行业使命，以牢牢锁住欧派的目标群体，赢得他们持久的信任与尊重。

因此，对欧派的身份描述必须能够迎合未来家居消费趋势，统领各品类业务模式，即规模化、精细化、高品质定制。理性的竞争力在耐用品中永远是最有说服力的，天进在调研中也发现，"精湛工艺技术、生产规模实力、完善的设计销售服务"的整体定制体系，最能吸引消费者。其中"定制成熟、高效、规模化"是欧派的核心竞争力。同时，天进研究发现，随着市场细分，个性化需求越来越强，未来家居消费呈现出"整体风格美感和谐的定制、功能一体化的定制"的需求趋势，"全屋定制"成为家居行业的一个发展新趋势。因此，天进梳理欧派的核心竞争力，结合未来趋势，提出了"全屋定制"的概念，推动欧派实现第二次跨越，率先由产品定制走向家居空间定制。2014年建博会期间，欧派正式宣布大家居战略。至此，欧派开启了从橱柜到大家居的跨越式发展，2019年营业额达140亿元。

3. 从大家居到智慧家

当前，5G与云计算、数据中心、人工智能等数字基础设施深度融合，为各行业创新提供支持。在此背景下，欧派家居与华为开启智慧家战略合作，全面对接华为HiLink平台，打破品牌互联壁垒，实现生态共赢。

智慧家是以住宅为平台，基于物联网技术，由硬件（智能家电、智能硬件、安防控制设备、家具等）、软件系统、云计算平台构成的一个家居生活圈，实现设备远程控制、设备间互联互通、设备自我学习等功能，并通过收集、分析用户行为数据为用户提供个性化服务，使家居生活安全、节能、舒适、便捷。

华为通过 HiLink 平台与技术，在研发、经营和销售上助力欧派实现智慧家居互联互通，同时把优质的智能产品和智慧家庭解决方案落地到消费者日常生活中，从消费者居住的空间和个性化需求出发，融合智能家居产品，让空间更多变、功能更实用、生活更便捷。

华为与欧派联合打造的智慧家庭实验样板间 3.0 已初步建成，具备智能家居专区展示和实景全屋体验功能，在艺术感、功能性和智能化的一体化空间设计加持下，实现了多品牌多品类产品联动，可加速一站式全屋智能解决方案落地。

欧派早于 2015 年便启动了"欧派制造 2025"战略，用信息化武装自己，打造新基建，实现产业数字化、数字产业化转型。至今，欧派已拥有总面积超 200 万平方米的定制家居生产基地，完成了 AI 工厂部署，并将继续拓宽边界，走向家居、家电、智慧科技融合的智慧家生态。

1.4.4 澜沧古茶：茶生态成就中国普洱茶头部品牌

2019 年年初，澜沧古茶带着上市梦想找到天进，希望把品牌做强、做大。为了更好地配合这一战略重举，打造面向未来的强势领军品牌，天进认为：给到市场、投资人和合作伙伴一个清晰明确的品牌承诺尤为关键。

与台地茶不同，古树普洱茶资源稀缺，产量有限。然而品饮市场的主流人群预算支出又相对刚性，溢价水平有限。天进认为在资源相对稀缺的前提下，澜沧古茶不应局限于做单一品饮市场，应提升古树普洱茶功能性需求外的价值点，用品牌驱动市场变革，充分挖掘在礼品及收藏投资市场的新增长点。

1. 从品饮拓展到礼品、收藏投资市场

经过天进的规划，澜沧古茶开始往相对薄弱的礼品市场和收藏市场发力。

在品饮市场，口粮茶主打性价比，每年推出小青柑等明星单品。在礼品市场，结合送礼场景，策划不同类型的礼盒装，将产品卖点以一种更为直观的形式呈现给消费者。商务场合推出商务礼盒装，支持企业按需定制。特定传统节日推出节日礼品装，如中秋版小青柑采用灯笼外包装设计，强化节日主题与趣味性。在收藏市场，天进建议澜沧古茶打造普洱茶二手茶交易平台，实现古树普洱产品价值的类金融化。2020 年 6 月 10 日澜沧古茶策划收藏级普洱茶直播开抢活动，直播观看量过百万，远超预期。

2. 打造茶叶 + 生态，拓展生意的边界

澜沧古茶已打造出了自己的茶叶 + 生态。茶产业的内核产业链具体包括茶叶保育、茶叶初制、茶叶深加工、茶商品及终端销售体系。基于内核产业链会衍生相关产业成员，具体包括与装备制造、日化生产、食品生产、文旅产业（普洱茶小镇）等相关的衍生业态，与古树普洱茶（普洱茶饼、杯装茶、袋泡茶、小青柑）、茶文化延伸品（茶具、茶桌）、茶食品（茶饮料、陈皮月饼）、茶日化用品（氨基酸茶皂）等相关的供应链，如图 1-17 所示。未来，澜沧古茶不仅要输出品牌，还要输出运营及人才培训等服务。

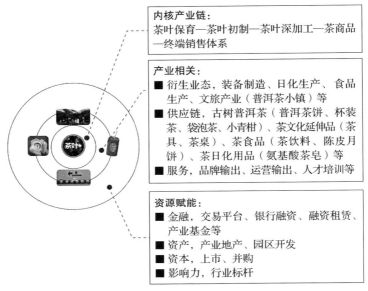

图 1-17　澜沧古茶的茶叶+生态

1.4.5　亿田智能：从集成灶到智慧厨房空间的战略扩张

集成灶属于厨房电器中的新兴品类，在吸油烟机和燃气灶等传统烟灶的功能集成基础上，搭配消毒柜、烤箱、微波炉、洗碗机等可选功能，设计成具有多种功能的新型厨房电器，产品本身创新度高。

2018年，亿田计划在深交所挂牌上市，值此契机天进携手亿田，重新梳理品牌发展战略。此后，亿田迈上快速发展转型之路。2018年年底营收仅4.7亿，战略落地次年营收超过6亿，集成灶产品市场占有率约为6.30%（中怡康时代集成灶零售量数据测算），保持3年持续稳定增长。

精准战略赋能招商,如今亿田已形成稳定、高效的商业模式,截至2020年年底拥有经销商1383家,形成较为广泛的经销网络,为产品投放奠定了坚实的渠道基础。

2018年度,天进对亿田进行品牌诊断,提出两个关键性的发展战略问题:

- 集成灶作为厨电创新品类,亿田想要在集成灶市场获得最大的收益,开拓集成灶市场蓝海将成为亿田发展战略中的关键。
- 站在长远发展的角度,要满足亿田的战略企图,应跳到更广阔的空间挖掘集成灶本身存在的巨大商机。

在思考亿田如何突围之前,有必要先思考如何防御。

从导入期步入成长期,以渠道规模扩展构建品牌成为各个行业的普遍打法。伴随着集成灶导入期红利逐渐退去,下半场竞争优势还需要品牌力加持。

天进认为现阶段于亿田(乃至整个集成灶品类)而言,集成灶市场最大的外围竞争压力来自专业厨电品牌及综合厨电品牌。以老板和方太为代表的势力阵营会从高端介入进行降维打击,以美的和海尔为代表的势力阵营会直接通过价格进行规模打击。

1. 竞争对手既有传统厨房三件套,又有集成灶友商

相比传统烟灶,集成灶现有市场占有率还比较小,现阶段的市场增量主要来源于替换二三线的传统厨房三件套,而非其他集成灶品牌友商。友商品牌之间也会经常交流,如果市场反馈好,多个集成灶品牌会轮流招商。

冲量上市已成为集成灶企业现阶段共同的发展目标。其中,以美大、火星人、亿田、帅丰为代表的第一梯队品牌出货额都超了5亿元,其中销售额超10亿元的美大已经上市,销售额约7亿元的火星人提交了IPO计划,处在第二梯队的森歌也在快速追赶,如果亿田不能找到一个突破口奋起直追,将可能被同行远抛在后面。

从市场竞争看,现阶段集成灶市场参与者主要分为四类。

第一类参与者是以方太及老板为主的一线专业厨电品牌。它们更多基于高端品牌联想度做高端化市场,而集成灶与厨房家电品类的渠道重合率是100%,未来的主战场一定在厨房。

第二类参与者是集成灶的直接生产厂家,如美大、帅丰、亿田、火星人、森歌等。其中一个明显的趋势是美大、帅丰、亿田、森歌等以线下销售为主的阵营正在向线上发力,而以线上销售为主的火星人也在积极开拓线下市场。在营销行为趋同的情况下出现互相渗透与反渗透在所难免,这使得集成灶品牌信任趋同,产品无差异导致厂家陷入价格竞争的泥潭。

第三类参与者是一线综合厨电品牌,如美的、海尔等。虽然现在市场份额仍然很小,但不难预测,在不远的将来综合厨电会进入集成灶市场。按照以往的方式,这类参与者会基于现有渠道优势、成熟的供应链以及雄厚的资本实力,以成本领先战略参与市场竞争,直接成为集成灶这一品类的价格屠夫。

第四类参与者是小企业、杂牌及其他贴牌厂家。由于整个行业趋势往上走,并且集成灶品牌集中度低,品牌意识尚未建立,所以小品牌也会进入增量空间。

2. 重新定义目标用户：品牌从众者，忠于"懒惰式"体验

天进认为，未来集成灶争夺的消费人群是那些基于传统信任购买了三件套的品牌从众者，他们不爱冒险，或者忠于"懒惰式"购物体验，不愿意花费时间对比产品性能，想利用品牌力量直接获取价值最大的购物体验。他们在产品功能化方面的需求不强，但在消费升级方面有较强需求。

天进认为，亿田未来的目标消费人群是那些将做饭当作生活调剂的用户。他们对生活品质有要求，对厨电的升级拥有热情，并且品牌意识强烈，更倾向于选择具有影响力的品牌。

3. 突破集成灶，亿田创建智慧厨房生活场景

深入开展市场调研后，天进开始思考亿田战略的核心。我们发现：从未来长远发展看，亿田绕不开品类延展，更需品牌核心价值加持。厨房生活周边生态延伸需要构建更高的品牌信任度。优化营销体系、保持市场增量是亿田当前迫切需要解决的问题。如何更好地两条腿走路，在布局未来品牌价值构建的同时稳步提升市场动销能力，这是战略的关键所在。

天进认为，亿田未来要扩大生意空间，必须超出产品功能本身，打造"集成灶＋智能互联＝智能厨房""集成灶＋小家电＝智能平台""集成灶＋橱柜＝整体厨房（厨房升级／返修）"的产品形态，实现涵盖功能集成、消费生命周期延展和价值管理的商业模式转型，从而拥有更广泛的品牌吸引力和更大的盈利空间。

战略落地次年，亿田成为率先做智能化升级的企业，在短短9个月内，亿田智能集成灶就顺利面世，开创了集成灶行业语音交互智能化的先河，为年轻消费群体打造了集语音、娱乐、互动

等为一体的"开 fun"厨房。

同时，亿田在 2020 年 7 月作为智能厨电行业代表品牌与集成灶行业唯一企业，亮相世界人工智能大会云端峰会，向全球展示亿田集成灶的智能化技术。当同行把注意力都聚焦于产品的基础参数时，亿田把视角扩大至整个产品的功能体验上。当别家注重性能与体验时，亿田已经着手全厨房全品类的打造。当大家纷纷施行全品类战略时，亿田已经率先迈向了智能物联的大战场、大时代。

1.4.6 联塑：管业领导跨界泛家居领域

2011 年年底，已是年销售额百亿元企业的联塑找到了天进，并提出了自己的要求：向外扩张，向上增长，提升形象。天进将联塑品牌的价值聚焦在"轻松"主题上，提出"为居者构筑轻松生活"的口号，让联塑集团保持行业领先地位，成为真正的全国性建材强势品牌。

当时联塑提出两个关键性的发展战略：第一个是将市场做大，将品牌做强，成为真正的全国性强势品牌；第二个是进行产业跨界延伸，从"管道制造企业"转型为"建材家居制造与供应商"。

经过天进的品牌规划，2012 年联塑启用子品牌"领尚"以拓展建材家居业，并为客户提供一体化门窗系统、水暖卫浴和整体厨房等服务。"领尚"成为集团又一盈利增长点。如今联塑已成长为年营收千亿元企业，其中上市部分营收占了 200 多亿元。

1. 转换角色，从"生产制造商"迈入"解决方案提供商"

天进认为，在构筑多元化产业的整体思路之下，联塑不应局限于只生产和销售管道产品,而应该不断提升产品综合使用价值,用创新推动行业变革,推出高效、绿色和低耗的一体化管道综合解决方案。联塑基于在同层排水系统、钢塑复合管道系统、太阳能集热管道系统、节水灌溉系统等方面的综合解决优势,以及获得的众多专利与管道系统研发能力,应将自身的能力变为集约价值。因此,天进帮助联塑明确自己的企业角色,从"生产制造商"向"解决方案提供商"迈进,使联塑不仅有大牌的实力,还要培养大牌的气质。

围绕解决方案提供商这一角色,在管业方面,天进帮助联塑打造"DPCM精管系统",提供从设计开发、批量生产、组装施工到维护保养的一体化服务,涵盖市政、住房、电力、通信、农用、水利、污水处理等领域,更具管道综合运用智慧。

此外,天进还帮助联塑全面提升全国销售网络的整体服务能力。一方面,通过齐全的塑料管道、管件产品以及新产品的一体化解决方案,继续巩固其国内领先的行业地位;另一方面,继续优化全国1600名经销商队伍的整体素质与服务能力,并配置一支商务团队,为各区域经销商提供专业咨询、技术、商务谈判等支持,形成协同作战力。

2. 确定混合品牌模式,再造集团品牌

调研发现,消费者对"联塑=管道"已经形成了较强烈的认知,他们能接受的品类延伸是与管业相关的硬装建材,而对于联塑的卫浴、厨房等家居品类接受度偏低。天进认为,联塑的品牌结构既要传承和利用已有的品牌资产,保持一定关联,同时又需在家居领域去"塑"化,摆脱联塑的传统印象。消费者购买决策因素对比如图1-18所示。

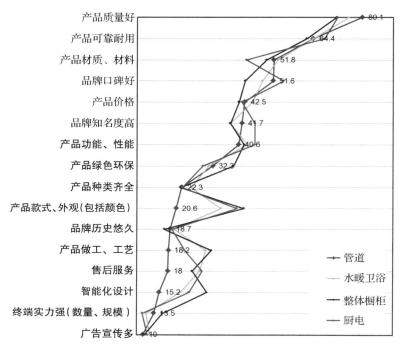

图 1-18　消费者购买决策因素对比图

在最终的品牌架构策略中，天进基于联塑已有业务结构及未来延伸品类，提出混合品牌模式，让母子品牌相辅相成。建材类产品，更多面向工程客户，因此继续沿用联塑的品牌名进行联合背书。家居类产品，更多面向消费者，采用新品牌。如卫浴，天进为联塑提炼了"领尚"这一全新品牌名。集团母品牌视觉形象需要全新蜕变，增强创新性、亲和性，淡化塑料和工业化气息。天进为联塑构思了"LESSO"，使联塑更具国际感和时尚气息，如图 1-19 所示。同时，原有管道品牌继续提升产品品质与精细化管理，塑造高品质、安全可靠的形象。

图 1-19　联塑集团 Logo 优化

对于新进入的家居领域,天进建议联塑采用"新品牌＋合作联盟"的陪驾策略(见图 1-20),增加新手上路的信心和市场的信任。如联塑橱柜新品牌领尚厨房携手美国惠而浦家电集团,倡导"爱生态爱自在"的生活态度,缔造轻松舒适的居家生活。在渠道方面,采用"房地产工程＋三四线城市零售专卖店"的混合渠道策略,这既可充分借力原有工程客户以确保新品牌可生存下去,又可先进入三四线城市打好市场基础,避开一二线市场的激烈竞争。

联塑集团品牌屋							
LESSO							
企业定位	一体化建材家居产品和服务供应商						
品牌信仰	为居者构筑轻松生活						
品牌意念	居者为尚　生活向上　/　人·居·生活　/　品质赞美生活						
旗下品牌	LESSO 联塑	LESSO 领尚	SKYREACH 尚驰朗	LESSO	华通 WALTON	A万嘉 100	EITI 依达
涵盖品类	▶塑胶管道 ▶普通型材 ▶五金水暖	▶整体厨房/卫浴	▶高端塑钢型材	▶住宅设备一体化解决方案	▶钢塑复合管 ▶镀锌类产品	▶卫生材料	▶化工原材料

图 1-20　联塑集团品牌架构

与此同时,天进对联塑的品牌基因进行分析,提炼出品牌核心价值。联塑是来自中国广东的企业,具有务实、低调、稳重、包容的性格,扎根管道 25 年成就行业第一,带给消费者高性价比、一体化的产品,给消费者带来轻松生活体验。因此,天进提出"为居者构筑轻松生活"的全新品牌价值理念，并伴随着企业的新标推出，向社会公众传递联塑带给大众轻松美好生活的信念，进一步刷新联塑的品牌形象，让其更加饱满。

3. 跨界厨卫品类，"领尚"激活时尚子品牌

从管业跨界到厨卫领域，联塑高层原本执意以联塑单一品牌囊括所有品类。但是天进通过调研发现，将"联塑"一词用于厨卫品牌会造成消费者的认知障碍，厨卫品类需要另立新品牌，打造新形象。

2011 年，联塑试图进军泛家居领域，开拓厨卫品类，从而寻找新的利润增长点，从"管道制造企业"转型为"建材家居制造与供应商"。此时，摆在联塑面前的难题在于是否要采取单一品牌模式。联塑高层执意使用联塑统领所有品类，原因在于 25 年积累起来的品牌资产难以摒弃，长期积累的客户资源和销售网络可以为新品类的销售提供源源动力。

然而，天进认为这是一种十分主观的冒险做法。单一品牌延伸案例成功的根本原因在于：单一品牌的核心价值与消费识别要包容延伸产品。比如，选择奶粉、咖啡等饮品时都希望品牌能给人一种口感好、有安全感、温馨的感觉，于是具备这种感觉的雀巢旗下的奶粉、咖啡、柠檬茶都很畅销。若不符合这条规律，即使相关度很高系列产品采用单一品牌延伸也有失败的可能。派卡德曾是全球名车，是罗斯福总统的座驾。该品牌在 20 世纪 30 年代中期推出被称为"快马"的中等价位车型后，尽管销路好极了，却令派卡德的王者之风渐失、高贵形象不复存在，从此走向衰退。

那么，联塑的核心价值和消费识别是否包容所延伸的建材、

厨卫产品？

尽管表面看来，消费者选购管道、水暖、卫浴和厨电时，首要考虑的都是质量、材质、品牌和价格等理性因素，而且就品质、安全等价值而言，联塑在广东区域的知名度以及企业的规模对于卫浴延伸有较强的信任背书，但是天进调研结果显示，联塑的塑料感和工业用品联想过于强烈，不适合用于厨卫品牌。最为明显的是，联塑名字极易让消费者联想到塑料制品，而水暖、卫浴所使用的材质却不是塑料，因此要建立认知上的连接有一定难度。譬如，有消费者就持有这样的看法："陶瓷是很讲求工艺的，而塑料管道只要耐用就可以了，工艺是否够好、外形漂不漂亮都无所谓。""联塑这个名字不像是针对家用的感觉，有点像针对工程、工业用。"此外，联塑的品牌形象较为沉稳可靠，而水暖和卫浴需要创新、时尚的款式，有比较大的反差。在消费者心中，联塑品牌形象还比较低端，塑料和工业品气息重。这些都构成了联塑向卫浴产品延伸的障碍。

天进提出的解决路径：以联塑母品牌为基础，规划整体厨卫新品牌。新品牌应该消除调研所显示的消费者认知障碍和疑虑。因此新的Logo要旨在于扭转低档印象，淡化塑料和工业化气息，增强创新、时尚、亲和的调性。天进协助联塑创建了"领尚"这一子品牌（见图1-21），字面意思是引领时尚，承载着泛家居项目品牌发展使命，涵盖整体厨房、整体卫浴、整体门窗、电气开关、装饰板材等。

LESSO 领尚

图1-21　领尚Logo

4. 强化主业，夯实"管道强势品牌"的竞争壁垒

天进调研发现，联塑管道市场在全国范围内分布不均，消费者认知度极不均衡，品牌美誉度不高，对意见领袖的影响力薄弱。因此，必须夯实管道强势品牌的品类竞争壁垒。

我们发现，在工程采购方面，工程客户更看重大品牌、有实力、占有率高及规模大等要素，其次是价格、供货能力及售后服务。而设计师主要推荐品牌认知度高、市场占有率高、口碑好的品牌，因为客户对管道并不关注，推荐众所周知的大品牌更容易接受，且大品牌代表有质量的保障。

因此，天进认为，联塑应充分利用管道规模第一、产能第一、销量第一、品种最齐全这些优势，去强化其领导者的姿态，提升客户对联塑的综合实力信赖。于是，天进提炼出联塑管道的核心价值定位——领导者，对外输出"中国管业领导者"这一广告语，并通过雄厚实力展示、包装创新技术、市场占有率呈现等方式，巩固领导者地位，如图1-22所示。

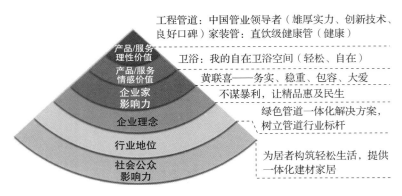

图1-22 联塑战略

虽然全球经济增长持续疲软，中国基建与房地产规模增长放缓，但联塑集团通过战略规划与一系列内外部落地实施，依旧保持稳定的利润增长，2013年全年销售额达到130多亿元，较2012年增长20%。这一良好战略转型开局，为联塑继续扩大市场份额奠定了坚实基础。

1.4.7 多彩贵州：区域文化品牌带动30多家企业发展

"多彩贵州"是贵州省在2005年推出的一个区域文化品牌，是贵州省十二五时期重头戏之一，独享省级背书，是中国首个省级区域文化品牌。"多彩贵州"不仅承载着提升贵州新形象、提高贵州知名度和影响力、建设文化旅游大省的使命，同时也承载着带动贵州文化产业群发展的使命。

"多彩贵州"品牌涵盖茶、酒、演艺、民族手工艺、会展、特色酒店等各种产业领域。如何以品牌为统领，整合贵州独特的文化资源，将"多彩贵州"打造成形象鲜明、价值突出、有强劲产业支撑的区域文化品牌，是天进在2010年接手该项目时需要破解的重要课题。

天进通过前期的调研和市场分析发现，目前多彩贵州品牌发展面临着三大挑战。

第一，通过商标授权，酒类、茶类等行业已实现了初步的产业化，并取得了一定的经济效益。但是未来"多彩贵州"必须要延伸至其他领域才能让品牌价值最大化并盘活当地资源，如何以"多彩贵州"带动贵州省各文化产业群的深度发展是当时所面临的第一个挑战。

第二，天进发现"多彩贵州"如此庞大和复杂的产业阵容竟没有一个价值重心，如何树立起品牌价值并让消费者和投资者认知、接受是面临的另一个挑战。

第三，"多彩贵州"历经多年发展，已成为省内妇孺皆知的知名品牌，却并未在全国范围内建立知名度。因而如何实现由区域品牌向全国品牌的转变亦是面临的挑战之一。

天进通过对贵州文化资源的梳理，提出"神奇原生态"的品牌核心价值和"泛原生态"的产业方向，真正实现了文化、品牌、产业的三位一体，为品牌长远纵深发展打下了坚实的基础。同时，阶段性的成效也非常显著。2010年，贵州旅游业实现了突破性增长，接待游客1亿人次，旅游总收入突破1000亿元，同比增长30%，贵州旅游总收入在全国31个省区市中排名由23位上升至16位。2011年，"多彩贵州"品牌规划及推广斩获中国元素国际创意大赛文化贡献奖、中国最佳品牌建设优秀案例奖（唯一区域品牌类大奖）两项重量级大奖。

1. 首创独特品牌架构，解决庞大产业群划分

在未来，多彩贵州品牌将横跨民族手工艺、演艺、餐饮、会展等多个产业。然而显见的问题是，一个品牌并不能无所不包，什么都做。也就是说，多彩贵州单一品牌难以支撑起未来多元庞杂的产业容量，缺乏产业重心和方向很可能让品牌聚焦面临极大挑战。

单一品牌会给品牌认知造成障碍，消费者容易弄不清楚品牌到底是什么，代表怎样的理念或价值。云南白药集团在进军牙膏市场时延续了云南白药品牌，因为云南白药牙膏和云南白药的核心利益点都是止血。但是当它在进军洗发水、沐浴露市场时却使用了养元青、千草堂品牌，目的就是保证品牌的核心利益点明

晰，防止品牌失焦。另外，如果品牌之下的各种产品调性不搭，很容易造成相互干扰，一损俱损。霸王集团旗下霸王洗发水声势正旺，集团新推出霸王凉茶虽然也主打中药世家文化，请功夫明星代言，但却备受质疑，就是因为洗发水与凉茶产品属性相差太大，倘若将两者归属同一品牌名下，则令消费者难以接受。

而事实上，多彩贵州群体品牌的复杂性已经有所凸显。多彩贵州目前已经有了茶、白酒、核桃乳三种主要商品，而前两者与核桃乳之间在目标消费人群上差异明显，很可能使消费者产生认知混乱。那么，这种情况下，如何让品牌具有良好的包容性和延展性，在容纳众多产业和品牌的同时还能保持核心价值和品牌内涵的清晰呢？

2. 引入子品牌，实行产业分类管理

天进提出的措施是，在多彩贵州母品牌与产品品牌之间设立中间层次，根据产业属性归类（多彩贵州·"游""风""味""赛""艺""会"），按照不同标准对过于繁杂的产业类型进行归纳和梳理。

多彩贵州·"游""风""味"等子品牌的设立，既与母品牌保持了密切的联系，可以很好地利用母品牌在前期积累的名气与好感，又最大程度凝聚了产业共性，在子品牌内部形成聚焦。这样做还能使品牌之间有所区隔，防止一方出现问题时对另一方造成影响。

与此同时，认证品牌体系的引入，充分缓解了商标授权的数量限制和压力，并可将品牌的公信力优势充分转化为产业带动力。通过认证所形成的一系列标杆商家，可对全省范围内的商家起到规范、提升、促进的作用，最大程度发挥多彩贵州品牌的带动效用。截至2011年5月，多彩贵州品牌已获得近20项授权，范围涉及生态饮品、文艺演出、民族工艺品等众多产业领域。

3.统合集群品牌视觉，加强品牌保护

天进在调研时发现，多彩贵州目前的 VI 系统存在着很大的漏洞，例如多彩贵州茶和多彩贵州文化演艺公司在使用品牌 Logo 时，字体、颜色、大小、排版方式、英文名称等各方面都不一致，而某些茶的包装盒上还出现了自己设计的"多彩贵州"字体，品牌形象极为混乱，亟待规范。另外，调研发现多彩贵州品牌被滥用的情况比较严重，急需品牌保护的管理，以防止不相干资源对品牌造成伤害。

由上可知，VI 的导入和规范使用显得尤为迫切。对多彩贵州这样一个涵盖范围广、产品性质相差大的集群品牌来说，VI 是让品牌保持整体性最重要的因素之一。同时，集群品牌的 VI 设计既要保持品牌体系内总体上的视觉一致，又要让不同品牌的形象与各自的文化内涵、产品属性、目标消费群体相符合。结合品牌架构，天进为多彩贵州规划了 VI 识别系统，在统一的"多彩贵州"权威标识下，又以"游""艺""赛""味""会""风"标志产品本身的产业属性，如图 1-23 所示。

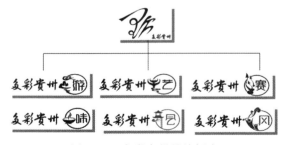

图 1-23　多彩贵州品牌标志

4. 创建群体品牌运营模式，搭建多元盈利框架

天进在走访中发现，贵州的产业多以小户经营为主，产能又小又分散，尚未形成规模经济。贵州茶、酒、民族医药、特色食品等产业，是"多彩贵州"品牌原动力。与其单打独斗，不如联手，走规模化、产业化的发展路子。而品牌产业化运作需要合理的模式作支撑，由此天进提出了适应群体品牌运营模式的多云盈利框架，并在贵州各大旅游景点搭建专营店，采用连锁化、定制化、网络化的经营方式。这不仅可以积极调动各方企业冠名"多彩贵州"，实现多彩贵州品牌的商业化、产业化运营，同时还可以让各参与方共享多彩贵州的品牌资源，从而间接实现了多彩贵州品牌的全国化，真正实现了多方共赢、体系制胜。

在具体设置上，"多彩贵州"群体运营模式包含了一个中心、两大体系、三大标准、四个平台、五大利润模式，如图1-24所示。

- ❑ 一个中心：多彩贵州文化产业发展中心。政府掌舵，负责品牌授权、品牌认证、平台搭建、宣传推广等，保障群体品牌模式的高效运营。
- ❑ 两大体系：品牌授权体系和品牌认证体系。用来充分吸纳各个产业的领导者品牌加入多彩贵州品牌体系，让它们在共享多彩贵州品牌资源的同时为多彩贵州品牌的商业化贡献力量。
- ❑ 三大标准：品牌认证准入与管理标准、品牌授权与管理标准、公益品牌申请与管理标准。多彩贵州中心负责严格把关，保证高质量企业加入品牌体系。
- ❑ 四个平台：群体展会平台、群体宣传平台、项目投融资平台、品牌研发孵化平台。利用这四大平台，将多彩贵州旗下各子品牌弹射出去，助力品牌腾飞。

☐ 五大利润模式：品牌授权费、品牌认证费、产业股份分红、展会经营利润、营销服务费盈利，为多彩贵州运营中心打造天衣无缝、体系强大的盈利系统。

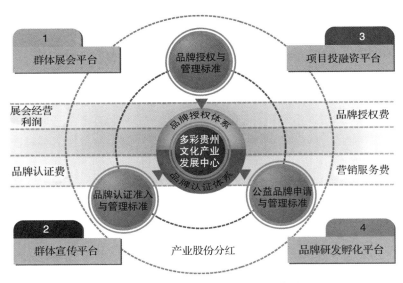

图 1-24　多彩贵州群体品牌运营模式

在贵州各大旅游景点搭建由"多彩贵州"冠名的旅游奥特莱斯连锁专营店，打造旅游特色定制商品连锁盈利模式：吸纳贵州优势产业和商品（如茅台酒），以"多彩贵州"特许定制的模式销售，售价一般高于普通商品，品牌溢价部分可进行分成。同时，利用连锁化的商业模式快速搭建起各种具有"造血"功能的网络渠道型项目，如餐饮连锁、酒店连锁、瑶浴保健连锁等。通过连锁商业将多彩贵州商品输送到全国，同时各种连锁商业又成为多彩贵州品牌免费的营销宣传平台和消费者口碑传播基地。

1.4.8 罗曼：从电动牙刷到护牙系统

代工起步的罗曼，掌握核心技术后，准备向自主品牌发展。罗曼技术功底十分深厚，丝毫不输给国际头部电动牙刷品牌，却仍面临同品类（如拜尔、usmile）及跨品类对手（如网易严选、小米）的威胁。2017年10月，罗曼找到天进，希望天进帮助规划发展战略，建立清晰明确的差异化定位，实现从第三品牌梯队向第一品牌梯队的飞跃。

天进在调研的过程中发现，除了牙病患者，以大学生和白领为主的年轻一代女性更加乐意尝试使用电动牙刷，而且在使用效果满意后会给家人购买相关产品。她们购买电动牙刷时有4个关注点，分别是：品牌、功效、价格、颜值。另外，有口腔问题的消费者也是电动牙刷消费者中的特殊群体。在电动牙刷的购买驱动因素中，牙齿敏感、牙龈酸痛、出血、正畸等口腔问题占有一定比例。保护牙齿健康成为消费者购买电动牙刷的第一理由，这些消费者尤其关注电动牙刷的功能效果。

天进认为，罗曼要想建立对目标人群最具吸引力的竞争优势，就要同时兼顾年轻一代女性与牙病患者这两类最主要消费群体的共同利益需求，促成他们产生品牌偏好和购买行动。调查统计显示：中国牙科诊所数量增长迅速，牙科诊所呈现连锁化、规模化发展。对罗曼的目标用户而言，牙医是影响消费者的KOL。当消费者的牙齿出现问题时，他们会第一时间去诊所治疗，牙医在消费者心中是专家的形象。但是同类品牌对牙科诊所渠道并不重视，这对于罗曼而言是一个机会，牙科诊所是天进帮助罗曼构建的护牙生态的关键入口。罗曼用会员制连接罗曼、粉丝、经销商、牙医、潜在用户与留存客户，带动了增值消费，增加了罗曼未来的盈利点。

当整个行业都在强调使用电动牙刷后牙齿更洁净时，忽视了洁齿背后的真正利益点——电动牙刷可以带来更好的牙齿护理效果，从而给予罗曼诉说"护牙"的空间。在分析罗曼现有专利及产品线后，天进将罗曼电动牙刷定位为"护牙系统"，同时提出广告口号"护牙系统，高效护牙"。

护牙系统与目标消费者的核心诉求吻合，强调罗曼护牙的系统性，使罗曼与市场上绝大部分的电动牙刷形成了差异，并产生"整套购买"的心理暗示作用，盘活了电动牙刷以外的护牙产品。高效护牙，兼顾企业差异化资源与未来竞争的制高点，强调罗曼护牙的专业性，在消费者心智中形成核心技术壁垒，升维打击竞争对手。

在战略指导下，罗曼加快布局护牙的产品，持续设计适合消费者的高效护牙套装，开发有利于加固牙齿的产品，例如绿茶牙膏、绿茶漱口水，并将产品包装做了相关的定位升级。

第2章 Chapter 2

品牌定位：占据消费者心智，凸显核心价值

品牌定位的意义在于，在目标消费者心智中占据一个独特的位置，这是企业制定品牌战略的重要环节，是企业内部在专业机构的协作下达成的共识：企业希望目标消费者怎样认识自己并利用传播和消费者达成共识，建立信任关系。

定位的基点是消费者心智模式，在心智阶梯上突出某个特性。这是大多数企业对品牌定位的认知和理解，这样的思想不可谓不对，但是所有企业都基于这种思想做自己的品牌定位，自然会导致品牌同质化现象严重，极大加剧市场竞争。天进认为，进行品牌定位，需要从消费者的认知或者心智入手，建立起明确的、个性化的品牌形象，从而跳出同质化的泥潭。

品牌定位并不是要求企业把产品的所有优点和盘托出，而是要实现差异化。品牌定位是企业实行产品差异化营销战略的内在要求。它要求在市场细分的基础上，满足目标市场特定的消费需求。市场细分和差异化都是品牌定位的重要特征和大前提。产品不可能满足所有人的需求，找对精准客户后吸引并黏住他才是王道。有研究表明，公司 25%～80% 的利润来自于占总数 20% 的忠诚的用户，并且获取一个新顾客的成本往往是稳住一个老顾客的 5 倍。

其实品牌定位并非只围绕新产品展开，在大多数情况下，企业都有必要重新进行定位。为什么这么说呢？原因有如下几个。

（1）基于对市场似是而非的判断，很多企业定位不准或者品牌定位模糊。这无效定位，企业需要对品牌定位进行重新梳理。

（2）市场竞争格局和目标消费人群也是重新定位的重要因素。当市场竞争激烈、产品同质化严重时，多家企业可能采取类似诉求，此时独特的品牌定位是企业进行差异化战略的重要手段。当目标人群的消费观念发生变化时，企业也要重新进行品牌定位。

（3）企业需要实施新的市场战略，比如在开拓新市场时，发现原有品牌定位并不能兼容新市场，又或者是企业要进行产业延伸，原有品牌定位并不能统筹不同产业领域。

2.1　天进市场调研的 5 个维度

一个品牌定位要做到科学、精准，必须建立在逻辑缜密的调研与深刻的洞察之上。企业进行品牌定位之前，一般会从社会环境、行业、消费者、企业自身、竞争对手 5 个维度进行品牌调研，所需的资料分为一手资料与二手资料。

其中一手资料包括抓取的数据、消费者访谈、经销商访谈、企业高层访谈、行业专家访谈、公司财报等。一手资料的数据较为准确，信息也比较实时，但费用比较高。二手资料包括来自平台机构、大数据机构、调研机构和友商的数据，这些资料虽然可能存在误差，但是能提供宏观背景。

2.1.1 社会环境：挖掘发展助力点

自改革开放以来，中国经济快速稳步发展、持续向好，年轻一代的文化自信正在助力新国货品牌崛起。可以说，中国正处于前所未有的发展机遇期，然而也面临国际形势的不确定性威胁。

一个企业要想在风险中寻求机遇、抓住机遇并不断发展壮大，就要准确分析社会环境，找到新一轮的发展助力点。

做好社会环境分析，企业要准确回答以下问题。

（1）我们处在一个怎样的社会环境中？外部政治环境、经济政策以及突发性重大公共事件对企业发展有何影响？对定位有没有影响？举个简单的例子，疫情影响下，很多企业直接放弃了之前的定位，而采用健康作为主要的品牌价值。

（2）怎样的社会价值观容易获得认可？价值观就是对各种人、事、物的看法。欧派的"有家，有爱，有欧派"为什么能与消费者共鸣？因为大家心中都认可"对家人的爱"的价值观。

（3）当前的主流文化是什么？举个简单的例子。20年前，二次元文化还只是少数派的专利。但是现在，如果你一点也不了解二次元文化，那么你在年轻人中可能就说不上话了。二次元文化是 20 世纪 80 年代传入中国的，当时明显受到主流文化的排斥与冲击，但经过 30 年的辐射传播，现在形成了广泛影响，中国泛二次元用户已经突破 3 亿人。庞大的用户群，吸引各路资本大举进入这个蓝海市场。有全屋定制企业运用国漫风格做产品，从取材到取色，灵感都来自于二次元文化。

（4）国际化市场，各个国家具有怎样的特殊民族文化？如果不搞明白各个国家的特殊民族文化，在海外市场可能会吃大亏。举个例子，比如说龙这个文化符号。大家都知道，自古以来，中国的龙是象征守护的神兽，有吉祥如意的寓意，从穿衣、物件、手工、雕刻、玉器、家居、建筑等，都可以看到中国龙的存在。龙是我们独特的一种文化凝聚和积淀，深深扎根在我们心中。但在许多西方国家，龙却是邪恶的化身。很多企业由于不清楚国外文化，使用了龙这一文化符号，导致被外国市场排斥。

2.1.2　行业分析：探寻市场趋势

行业分析是描绘市场生态的过程。了解整个行业的竞争格局、发展趋势和价值空间，是品牌定位的基本导向。影响一个行业发展的因素不计其数，这也使得行业分析变得烦琐、艰巨。对于外部环境的监测，会用到 PESTEL 模型。在 PEST（政治因素、经济因素、社会因素、技术因素）分析的基础上加上环境因素（Environmental）和法律因素（Legal）就得到了 PESTEL 模型。波特五力模型（供应商的议价能力，购买者的议价能力，潜在进入者的威胁，替代品的威胁以及来自同行业公司的竞争）也是常用方法之一，波特五力模型的意义在于，五种竞争力中蕴含着三类成功的战略思想，那就是大家熟知的：成本领先战略、差异化战略和集中战略。

波特五力模型被诟病的地方在于，它主张企业只有通过争夺竞争对手的份额，来获取更大的资源和市场。但现实并非如此，企业之间往往不是吃掉对手而是与对手合作，以此来做大行业蛋糕，以及通过不断的开发和创新来扩充市场容量。

任何一个目标市场，在特定阶段都存在着价值差异。判断市场价值，才能让品牌找准发力空间。

根据市场价值大小和发展前景的不同，市场基本上能分为朝阳市场、成熟市场、没落市场和潜力市场，如图 2-1 所示。朝阳市场往往蕴藏着巨大的市场商机，成熟市场则几近饱和、竞争异常激烈，没落市场已经失去进入的价值，而潜力市场则需要更多的信息加以估值和判断。

成熟市场	朝阳市场
没落市场	潜力市场

图 2-1　价值市场分类

苹果初入中国市场时，智能手机市场还处于孵化阶段，所以初期的苹果定位高冷，大打技术高端牌。而如今的智能手机市场几近饱和，竞争进入白热化阶段，面对三星、华为的强势进攻，苹果也开始了感性化的品牌包装。所以，当企业面临的价值市场不同时，它所应该采取的定位策略也要相应做出调整和改变。

2.1.3　消费者洞察：挖掘消费者潜在需求

用最适合的方式给消费者最想要的，这就是消费者洞察的目标和价值。

目前消费者研究的主流趋势是采用大数据挖掘技术。消费者的生活数据转向互联网平台已经是大势所趋，未来不再是 IT 时代而是 DT（Data Technology）时代，大数据能够细微、全面地记录消费者的生活痕迹，进而描绘出他们的生活方式。大数据不仅能让企业更精准地挖掘到用户的"痛点"，还能迅速进行精准营销，找出具有价值的定位空间。

就像亚马逊，不仅可以快速为你送达商品，还能聪明地推送给你可能感兴趣的东西，为你省时省力；它能感知你对价格是否敏感，若是敏感会为你提供灵活多样的定价、优惠策略，为你省心省钱；当然，它还知道你的品味、你的爱好，所以会给你介绍音乐、书籍和流行的品牌，甚至给你最好的消费体验。个性化和场景化消费都不再是说说而已。

具体到消费者洞察的方法，我们可以参照图 2-2 所示展开。

图 2-2　消费者分析的四个维度

1. 消费者的行为特征

你的消费者在行为上有哪些特点？他们容易冲动购物还是谨

慎又犹豫？他们喜欢网购还是实体店的亲身体验？他们容易跟风模仿，还是更加独立、随性？

了解消费者的行为特征，能够帮你预测他们行为方式和倾向。

支付宝在推入市场时，首先瞄准的就是年轻的都市人群。因为他们擅长使用移动终端，喜欢网购，怕麻烦，尤其不喜欢在排队买单的时候纠结于那几角钱的零头。所以，支付宝为他们省去麻烦，让一切与生活相关的支付更加顺利简单，再加上一些辅助性的社交功能，自然就能够让消费者爱不释手。

2. 消费者的兴趣爱好

不要小瞧了消费者的兴趣爱好，在消费愈发个性化、定制化的今天，只有了解他们关注的话题、喜欢的明星、爱看的节目、经常参与的休闲活动等，才可能投其所好。

三星的消费者以年轻女性居多，她们喜欢看韩剧，喜欢流行明星，喜欢时尚和风潮，偏爱可爱的东西。所以三星惯用韩流当红明星作为形象代言人，在韩剧里巧妙植入产品；三星的产品设计可爱、时尚，内部应用和工具也重点突出清新可爱和即时共享的特点。了解消费者的喜好，才能让品牌按照消费者喜欢的方式进入他们的生活。

3. 消费者的生活方式

今天的消费者，很大程度上成了有品位的"生活家"。他们追求生活方式的多元化和高品质。

你不能想当然地去猜测消费者的生活，而是要走近他们，去观察他们每天以一种什么状态和方式在生活。他们喜欢看电视、手机还是平板电脑？他们花更多时间旅游、读书还是外出聚餐？他们是独生子女还是兄妹成群？他们几乎每天自己做饭还是主要点外卖？

去哪儿网的成功就在于此。近两年国内旅游热中自助游比例大幅增加，消费者对于了解旅游信息的细节，包括交通、美食、住宿、重点景点、穿戴装备、文化背景知识等，都有极大需求。去哪儿正是在深度掌握消费者旅游方式的基础上，将自己打造成一个专业的信息整合者，并直接提供平台和内容，最大程度地满足消费者的旅行需求。

4. 消费者的个性特征

即使有着相同的需求和相似的生活方式，消费者也会因为他们不同的个性而产生不同的品牌偏好。成熟的品牌并不是产品的提供商，而是以一种拥有鲜明个性的"人格化"形象而存在。只有与消费者个性相符的品牌，才能成功获得他们情感的认同。

李维斯的中国消费者主要是时尚但不跟风、个性鲜明甚至有些叛逆的年轻人，李维斯的品牌个性也正符合他们目标消费者的口味：创新、轻松自在、性感有活力、可靠又耐用。李维斯不仅把自己的产品调性定义为具有独创性、可靠，更是从感情上颂扬属于年轻人的一切美好事物，塑造了一个与年轻人同甘共苦、共同追梦的"伙伴"形象。

2.1.4　企业自身：全面认识自己

知己知彼，才能百战不殆。要在消费者心中占据区别于竞争对手的独特位置，了解企业自身的优势和劣势是最基本的一步。品牌定位的诉求不仅取决于消费者的需求，也要符合企业对自身形象的设计和对未来发展的规划。品牌定位的实现要依托于企业所拥有的各种资源和条件，同时也要有助于企业在发展和竞争中扬长避短、保持优势。因此在进行品牌定位之前，对企业自身有一个科学、全面、清晰的认识，是必要的一步。

企业自身分析的一个重点在于全面梳理企业所拥有的各种资源，判断目前的企业运作中对各项资源的利用效率和所获得的效益，发现资源管理中可能存在的问题和缺陷，找到更好的资源配置与组合方式。企业拥有的资源既有硬性的，例如资金、设备、人员等，也有软性的，包括管理模式、组织架构、技术、企业文化等，各种资源之间的对接与整合直接关系到企业的运作效率和发展动力。成功的品牌定位更是直接依托于企业拥有的各种资源，只有充分体现企业的资源优势，推动企业的资源优化配置，品牌定位才能够获得有效实施的保障和持续发展的动力。

2.1.5　竞争对手：最强的对手不一定来自同行

分析竞争对手，是商业时代为了生存必做的事。但不同于以往的是，在跨界抢劫、品牌联盟已经成为大势的今天，如何判断谁是你的竞争对手，比分析对手本身更具有前瞻性。

传统商业时代，竞争对手基本来自同行。但在今天的市场环境下，任何一个领域都可能出现你的竞争者。例如奶茶店的盛行，打败了杯装奶茶；外卖的兴起，抢占了方便食品的市场份额；甚至小米、美的、海尔等以数码产品、家电起家的品牌，也开始凭借"智慧家居"的概念抢占市场，让家居大品牌欧派感到一定压力。

面对这种新的竞争态势，以往的直接和间接竞争对手的划分方法已经不适用了。要敏锐地判断谁会是你可能的竞争者，这就需要运用价值链分析法了。

价值链分析法，就是以企业所处的价值链为分析的轴心，将价值链上从上游到下游的主要企业识别出来。在此基础上，了解这些主要势力所面临的竞争对手和合作者，因为这些企业很可能在具备了一定资源以后就跨界进入你所在的领域。

所以，时刻关注企业面临的生态圈和所处的价值链，除了要重点关注企业可识别的直接对手和间接对手外，也要对价值链上的主要势力及其市场关系保持敏感，以防随时可能出现的新竞争者。

2.2 价值统领新生态，个性赋予人格魅力

2.2.1 核心价值提炼

产品可以模仿，通路可以复制，模式可以学习，唯独品牌的核心价值是专属定制、独一无二的。如果说品牌定位是一个不断瞄准靶心的射击过程，那么品牌核心价值无疑就是靶盘上醒目的"红心"。品牌核心价值是品牌传递给消费者最具有差异性和号召力的价值诉求。任何千篇一律的"卖点"，都不足以成为一个品牌的核心价值。

品牌的核心价值，简而言之就是品牌能够让消费者清晰明确地识别并且深刻记忆的关键利益点，是品牌一切营销传播活动的出发点，如图 2-3 所示。品牌对核心价值的提炼必须综合考量 4 个维度的变量，即产业的核心价值、企业的价值基础、企业的发展战略与消费者的品牌知识。

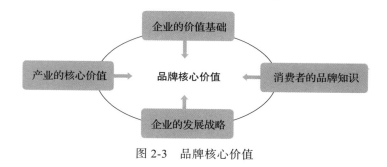

图 2-3　品牌核心价值

1. 企业的核心价值

产业的核心价值是品牌提炼核心价值的指南。

提炼品牌的核心价值，必须先对整个行业的现状和趋势有所掌握，抓住行业发展的脉络，识别支撑整个行业发展的核心元素，这种元素可能是技术、品质、商业模式等。

对汽车行业来说，安全性能与驾驶体验始终是立身之本。所以无论是奔驰的"完美享受，由此触动"、宝马的"新一代动力性能的典范"，还是沃尔沃的"关爱生命，享受生活"，都力求提供给消费者最核心的利益诉求，即围绕着安全和驾驶体验这两大核心价值展开。

2. 企业的价值基础

企业的价值基础和发展战略是品牌提炼核心价值的基础。

提炼品牌核心价值，不能脱离企业根本的价值与文化，不能违背企业发展方向和战略目标。企业应该巩固和强化已有的文化与价值理念。

品牌核心价值很多时候往往就是企业文化和价值理念的浓缩

与升华。

例如苹果公司以"不同凡想"作为自己的企业理念,这一点也是它品牌的核心价值。苹果公司每次发布的新产品都力求有技术和体验上的创新,"不同点"是它的核心价值。

3. 消费者的品牌知识

消费者的品牌知识是品牌提炼核心价值的焦点。

在消费者的话语权和主导性极大提高的新商业时代,消费者对品牌的认知和态度是品牌得以生存和发展的基石。

消费者的品牌知识直接影响着他们在实际的消费行为中对品牌的选择和态度。因此对于处于成长和成熟期的品牌来说,品牌在定位时要尽量与消费者对该品牌已有的品牌知识为基础,找出在消费者对品牌认知中积极、正向的部分,并加以提升和巩固;而对于准备进入市场或刚进入市场的品牌来说,则应该以消费者对该品类的其他品牌的知识作为参考,找出消费者的关键利益需求,挖掘市场未得到较好满足或未得到满足的利益需求,并以此作为定位切入点。

2.2.2 品牌可以塑造的 10 种个性

如果说定位代表一个品牌的身份、发展的方向,那么个性就是品牌的人格化魅力,也是消费者对某一品牌的感觉和印象。例如说到优酷,你可能想到这个世界很酷;说到苹果手机,你会想到与众不同;说到小米,则联想到青春气息;说到名创优品,印象深刻的是简单、时尚、实惠等。

很多品牌都缺少个性。甚至到现在,还有很多人认为,找一个当红的明星,拍摄一组广告片,就能成功建立品牌。这类企业其实从一开始就没有给自己的品牌建立起独特的个性,从而难以与同行拉开差距。越有个性的人,往往越容易被记住,同理越有个性的品牌,让人印象越深刻。现在的年轻人对于自身定位很有主见,也对生活方式有独特的认识,他们也更乐于消费与他们个性相符的品牌。在这种环境下,品牌个性的确立可以帮助品牌匹配不同的用户群,彰显品牌价值。

天进根据多年的品牌实战经验,总结出品牌的 10 种个性,供大家参考借鉴。值得注意的是,通常每一个品牌都有两到三种品牌个性。只有从一开始就给自己建立独特个性的品牌,才能在同质化竞争中拉开与同行的差距。

- **领袖风范、富有责任、充满爱心**。比如华为"丰富人们的沟通和生活",向人们传达的是一种富有责任的品牌个性。
- **创新、进取、大胆、敢于挑战、勇于担当**。"科技·艺术·生活"塑造出的是更具领先性、创新性、追求艺术生活的品牌个性。为了匹配自己新的品牌内涵与个性,东鹏选择演员刘涛作为品牌代言人,让她去阐述"科技·艺术·生活"的品牌形象。
- **年轻、时尚、新潮、活泼、富有想象力**。百事可乐的品牌个性是年轻、活泼、富有想象力,所以百事可乐无论是在色彩使用还是在营销手段上都在强调自己的个性。"突破渴望"正是这种品牌个性的强烈表达。
- **高雅、高贵、端庄、大气、富于魅力**。欧派作为全屋高端定制的领导品牌,本身具有高端、高雅、大气的品牌气质。选择孙俪作为形象代言人,除了孙俪爱家的形象与欧派的品牌核心价值"有家,有爱,有欧派"匹配外,孙俪本身的个性也是优雅、端庄、大方，能够很好承载和传承欧派的品牌个性。

- **浪漫、温馨、有品位、有情调**。比如恒安集团的纸巾品牌心相印，定位是给予人们温馨、浪漫的关爱，所以它的产品研发、产品包装、宣传画面都是以打造高品质及温馨浪漫为主题调性，强调用心关爱守护每一个人的健康快乐生活。
- **可爱、有趣**。比如张君雅小妹妹主打的品牌个性就是可爱、有趣，用新鲜的面孔、可爱的包装、搞笑的广告语吸引消费者。
- **安全、可靠、值得信赖**。比如网易严选"以严谨的态度，为中国消费者甄选天下优品"。网易严选是网易旗下原创生活类自营电商品牌，以"好的生活，没那么贵"为品牌理念，设置产品首席体验官去为消费者甄选高品质、高性价比的优品，在消费者心中塑造出安全、可靠、值得信赖的品牌个性。
- **简单、轻松、务实**。比如优衣库以百搭为理念，服装多具有面料舒适、款式简单且易搭配的特点，而且其门店管理，包括门店陈列、店员服务等，都是致力为客户打造轻松、务实、快乐的购物体验，品牌宣传也是以简单、务实、百搭为主题调性。
- **独立、自信**。比如阿迪达斯广告语"没有不可能"，全新演绎品牌理念，鼓励人们为自己的梦想启航，这是向消费者传递出一种独立、自信、未来无限可能的品牌个性。
- **坚韧、强壮、勇敢、直面挑战**。比如耐克最知名的广告语"just do it"，也是耐克努力想要在消费者心中塑造的品牌形象。"just do it"的意思是想做就做，鼓励勇敢追求、坚持不懈，突出强大的自我意识。

一个品牌，想要引起消费者的关注，在消费者心中留下深刻的印象，进而占据消费者的心智，成为消费者的第一选择，必须要塑造一个鲜明的、具有差异化的品牌个性。

2.3 品牌定位方法：天进品牌定位 6 级价值坐标

品牌定位是针对消费者心智所下的功夫。然而"功夫"如何下得有的放矢、别出心裁，需要敏锐的洞察和选择的勇气。而关于品牌定位，并没有一成不变的章法和模式，而是要知己知彼，发挥品牌优势，避开竞争雷区，瞄准消费者"痛点"，进行精准占位。

天进在分析大量国内外案例的基础上，创新自身的品牌定位工具，得到了天进品牌定位 6 级价值坐标。该坐标的左右两端分别代表理性价值维度和感性价值维度，其中理性价值维度可量化，而感性价值维度较难量化。感性价值更多基于对用户的洞察。在该坐标中，从上到下，品牌的价值层级是依次递减的，影响范围也是越来越窄。众多案例证明：大品牌的价值层级几乎都在第三层以上。

根据天进品牌定位 6 级价值坐标思考模式可知，企业要挖掘并占据独一无二的价值诉求，定位路径主要有 6 种，如图 2-4 所示。

2.3.1 产品价值定位法

产品价值定位法是以产品为导向的营销逻辑，也是最基础的层级。产品价值定位法让企业聚焦于产品，从产品本身挖掘独特销售主张，例如汽车强调它的安全性能，面膜标榜它的速效美白，浏览器炫耀它的极速体验。

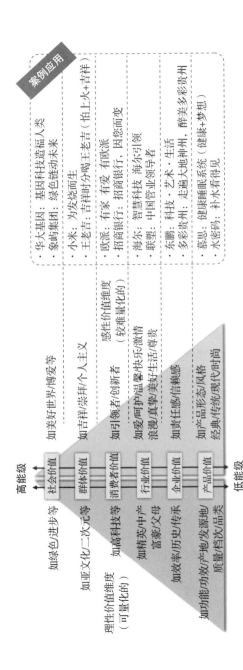

图 2-4 天进品牌定位 6 级价值模型

如果绝大部分企业停留在这个层面,则说明行业处于成长期,集中度低,竞争还处于初级阶段,某种突出的产品特征才能为消费者所看重。

当今市场产品同质性大大增强,品牌若想借助产品杀出重围,必须确保产品在某一方面具有独特优势,并且这种优势对于消费者来说又具有强大的吸引力和号召力。

产品价值定位法具体示例如下。

（1）功能/功效定位法：以产品所具备的优秀功效作为定位诉求。

消费者购买产品是期待通过消费产品的功能为自己解决问题。所以功效定位法在产品确有所长时往往能轻易地说服消费者。美图手机和App长期占据拍照市场的原因,正在于其卓越的美颜功能和便捷的操作。消费者喜欢甚至习惯了美图的拍照功能,所以美图无须做其他的主张,仅依靠它的技术和功能就足以稳居市场第一的位置。

（2）品质定位法：强调产品品质优良或品质独特。

消费者对生活品质的追求也往往体现在对消费品质的追求上,所以以产品品质为利益诉求,也能让消费者对品牌产生好感。奶粉市场尤其喜欢主打"品质牌"。国人在经历了假奶粉、问题奶粉风波之后,对于奶粉品质的要求愈加严格。于是市场上的奶粉纷纷以好品质、好奶源和好工艺来博得信任,进口奶粉更是如此,例如惠氏奶粉"特含DHA和AA均衡配方比例"、美素佳儿的"新升级蛋白配方"、美赞臣的"科学验证水平的DHA和ARA"等。诉诸好品质,让消费者信赖,是品质定位最突出的效果。

（3）质量/价格定位法：主要以物美价廉为利益诉求点，满足消费者希望在消费中获得优惠或证明自己的消费智慧的需求。

这种定位方法比较适合用于价格敏感性较高的产品品类。唯品会最新的宣传语"都是傲娇的品牌，只卖呆萌的价格"，采用的就是质量/价格定位法。相比赤裸裸地标榜自己物美价廉，用这种可爱又契合网络环境的定位方式，更容易让消费者接受，甚至还附带了一份别出心裁的惊喜。

（4）创新品类定位法：这是一种突破性、创新性的定位方法。

品牌在定位时要么跳脱出那些已经被强势品牌占据的品类，要么强调自己的产品与消费者常见的该品类下其他主要产品的明显不同之处。这是一种极为明显的区隔化定位方法，强调本品牌的创新之处，而这种创新之处正是传统品类中其他产品尚未满足的。

美的的儿童空调就是创新品类的一个典范。美的在 2015 年推出了专为儿童设计的空调。事实上美的只是在空调功能中加入了"小天使"模式，采用先进的热感应技术，根据孩子的睡眠情况实时调节空调的运行状态。孩子睡觉踢被子的问题能够通过儿童空调的使用得到解决，让孩子睡觉更舒适，让爸妈更放心。

通过产品与同品类对手的与众不同之处，创造一个新的概念，打造一个新的品类，这就是创新品类定位的核心所在。

2.3.2　企业价值定位法

企业价值定位法聚焦于企业自身，从企业自身具备的理性价值优势（如资源领域优势、特殊技术领域优势和产品专利、企业历史/

传承、供应链效率优势等)以及感性认知优势(如消费者对企业的"责任感""信赖感"的美好联想)入手,挖掘独特的核心价值。

(1)企业历史定位。悠久的历史对品牌来说往往是其他企业无法复制的宝贵资产。

悠久的历史对品牌来说往往是其他企业无法复制的宝贵资产。在消费者的普遍观念中,产品历史越悠久证明其质量、品质以及品牌信誉越值得信赖。

王老吉186年的凉茶秘方,让消费者对它的凉茶工艺和品质产生信赖感,也对品牌的历史产生好奇和尊敬。这是其他凉茶和茶饮料无法复制和模仿的,是王老吉独特的文化标识。

(2)关键资源定位。强调企业拥有关键原材料来自源产地的特殊性。

如同"血统"和"家族"象征一个人的身份一样,在消费者的认知中,地域对某类产品来说就是高品质、正宗的证明,例如法国和葡萄酒、新疆和大红枣、四川和火锅等。以特定来源地为定位诉求,消费者一般会自发产生对该品牌的信任和青睐。

比如酸奶类产品若将"来自天然大草原"作为品牌定位,草原的优质酸奶来源地的著名形象,可为产品做品牌背书。只要辅助性信息具有足够的认可度和可信度,就能起到锦上添花的妙效。

2.3.3 行业价值定位法

所谓行业价值定位法,就是跳出企业这个小范畴,从整个行业的高度看待各种痛点问题并加以解决的定位方法。

这里可能很多人容易混淆企业价值与行业价值这两种定位方法，然而两者存在很大的差异，最大的区别在于出发点不同。

企业价值定位的出发点在于企业自身的优势资源，而非解决行业痛点。正如东鹏陶瓷从"世界之美"到"科技·艺术·生活"的定位升级，一方面考虑到陶瓷产品同质化严重，美成为普遍共性，另一方面，也是更关键的，东鹏陶瓷具有工程师的基因，能够承接并落地"科技"定位。

而行业价值定位的出发点不再是企业自身优势，而是解决整个行业的痛点问题。比如海尔喊出"智慧科技，海尔引领"，表面上"智慧科技"表达了海尔的技术优势，然而实际上关注的是整个家电行业未来 3～5 年的发展趋势：不是颜值，不是性价比，而是智慧科技。几年过去了，我们回过头看这个定位，会发现无论是海尔、小米还是欧派，都在抢夺智慧家的场景，而家居、家电与智慧科技的融合趋势也在加速。

后文会介绍视源股份旗下企业服务品牌 MAXHUB 的定位为什么也属于行业价值定位。现阶段"智慧协同办公"并非视源股份 MAXHUB 的最强优势，但是调研发现这是行业未来的发展趋势，MAXHUB 即使不具备，也必须抢先占据企业平板这个行业的痛点解决者角色。所以未来，MAXHUB 也会深耕"智慧协同办公"场景，不断强化自身软件和内容方面的短板。

用一句话来总结：**企业价值定位法的本质是放大品牌的差异化优势，而行业价值定位法是解决行业的根本痛点。**

2.3.4　消费者价值定位法

你消费的不是产品，而是情感。听起来或许有些调侃，但不可否认，这就是后情感社会最普遍的消费形态。

消费个性化、符号化、情感化已然成为当下的消费潮流。拿产品的使用价值赚吆喝只流行在路边摊和小夜市，高明的品牌定位是在情感上跟消费者打心理战。其实这个道理不言而喻，如果你告诉消费者喝可口可乐就是为了装一肚子糖分和二氧化碳，谁会傻乎乎地为你掏钱？但是，如果你告诉消费者你喝的是青春和激情，消费者的感受就完全不同了。

消费者价值定位方法将产品与一定的环境、情景相联系，展示目标消费者在特定情景下消费产品时所产生的愉快、舒适等积极的情绪体验，进而建立特定的品牌联想。该方法将定位诉求聚焦于消费者对生活、时代的特殊情怀，或者对浪漫、小资、精致等生活情调的追求。

直接展示消费者形象能让目标消费者对号入座。群体价值定位法直接以产品的目标消费者为诉求对象，突出产品对他们的"专属性"，产生"这是属于我的品牌"的认同感。

通过赋予品牌以相应的情感色彩来增加品牌的气质和魅力，为消费者提供独特的精神享受和情感体验，让消费者主动将品牌视为某种情怀与情调的化身。这种定位方法通常适用于拥有某种情怀和情调的特定群体。

比如麦当劳一贯在广告中展示朋友们相聚在麦当劳畅快大吃、谈笑大闹的欢乐场景，让消费者在心中形成"年轻""自在""欢乐""朋友""聚会"等情境和感受与品牌的连结，所以只要一想到朋友聚会，麦当劳的品牌形象就会自然而然地进入头脑之中。

2.3.5　群体价值定位法

当一个品牌的目标用户群集中度明显，产品及服务特征与族群文化特征具有高度关联性时，可以采用群体价值定位法。一般来说，拥有相同文化背景的消费者，他们的价值观念也会更加统一。把群体所认可的文化融入品牌之中，赋予品牌一定的文化含义和文化象征，让消费者对品牌形成文化上的识别，这是定位的关键。

群体文化代表某一族群，所以认可度也会更高。消费者通常愿意主动接受带着"文化"光环的高价产品。独特的文化定位难以复制，一旦一种文化定位被品牌占据，那么竞争对手便很难通过复制或模仿的手段进行相同的定位。

比如天进帮助王老吉重新定位"吉庆时分，当然是王老吉"，把王老吉与中国人的"吉祥文化"连接起来，以"吉祥"重新占据用户心智。由此产生的直接功效是，每年春节前后的一个多月的销售额占全年销售额的40%以上。这就是以群体价值定位思考，融合王老吉产品特点，形成绝佳定位的例证。

2.3.6　社会价值定位法

社会价值定位比较适合处在行业第一阵营，在国际市场上也有一定地位，领导人形象正面，社会责任感强，对公众有一定影响力的品牌。它以企业理念直接影响消费者的认知，引起消费者态度上的改变和情感上的认同。品牌向消费者传递的理念必须做到简单而深刻，既要让消费者在认知上能够轻松理解和接受，又要在情感上不与消费者的已有知识结构和价值体系相冲突。

比如人工智能领域的领头羊科大讯飞，其核心价值定位在

"让世界享受 AI 的乐趣",不仅全面覆盖了学习、会议、办公等场景,巧妙包容了科大讯飞旗下众多人工智能产品线,如智能录音笔、智能办公本、智能学习机、扫描词典笔等品类,又温暖且不失理性地表达了科大讯飞"创新 AI 技术赋能美好智慧生活"的品牌理念。消费者顺理成章地接受了新知识和新理念,也自然而然地接受了科大讯飞的品牌定位。再比如华大基因"基因科技造福人类"品牌定位,精准地向消费者传达了华大基因要满足全人类健康需求的愿望。

2.4 天进案例连接——品牌定位经典案例分享

本节将通过几个天进实操过的案例来具体介绍到底应该如何进行品牌的定位。

2.4.1 产品价值定位案例

本小节我们通过 3 个案例分析产品价值定位法如何落地。

1. 水密码:补水看得见,未来看得见

中国化妆品市场竞争激烈,在水密码推出前,其主品牌丹姿外围遭夹击,内部遇混战。数据统计显示,2009 年国内市场上约有 2 万个化妆品品牌,大大小小的化妆品企业近 4000 家。到 2021 年,中国化妆品持证生产企业达到 5400 余家,各类化妆品注册备案主体多达 8.7 万余家,有效注册备案产品数量也达到 160 余万个。

中国作为世界上第二大化妆品消费市场,多层级消费市场使得高、中、低不同层次的化妆品都有相应的规模化目标群体。在中高端市场，进口化妆品品牌（含合资品牌）仍占据着主导地位。面对欧莱雅、兰蔻等外来品牌的步步紧逼，国内以中档产品为主的本土品牌节节退守。

在这种前后夹击的情况下，定位中档的丹姿，以三四线城市为销售重点，品牌形象相对低端，品牌力匮乏，很难突围。

2008 年，丹姿研发出领先性补水系列产品，产品补水效果很好，性价比出色。丹姿希望将其打造为明星产品，并借此提升整体品牌形象。但是企业目前品牌定位模糊，企业技术、产品优势与消费者品牌印象错位，"印证美的标准"这一宣传语也未能打动消费者的心，品牌的知名度和用户忠诚度都较低。当务之急，丹姿需要明确品牌定位，提升其品牌形象的穿透力和品牌知名度。

1）以补水为切入，塑造补水专家品牌形象

天进认为，面对日益激烈的市场竞争和强大的竞争对手，明智的选择应该是避开当下已全面铺开的正面较量，从一个自身具有优势的细分领域切入，精准地把自己打造成某一细分领域的"专家""领导者"。而在护肤品市场，肌肤补水是当今化妆品界最大的利益诉求之一，因而补水是一个非常有前景的细分市场。尽管已有不少竞争对手也推出了补水产品，但都未能塑造专业的补水品牌。丹姿的产品在补水方面恰好有很大的竞争优势，完全有机会去占领补水细分市场的专家地位，获得品牌形象的新突破。因此，新推出的副品牌应以补水为切入点，塑造丹姿补水专家的品牌形象。

为了在产品入市之初清晰地向消费者传递补水的物理价值，抢占补水细分市场，丹姿以"水密码"作为全新副品牌的名称。"密码"寓意着解决问题的关键点，而"水密码"极易让消费者联想到补水的良方或者核心的补水策略,很好地突出了新产品的特征和功能,如图 2-5 所示。

图 2-5　水密码

2)从"补水看得见"到"未来看得见"

天进通过研究发现,所有化妆品广告都惯用特殊效果处理,缺乏产品使用后真实效果的呈现,颇有夸张炒作之嫌。"解剖式"和"对比式"在化妆品电视广告中使用最为频繁。"解剖式"是最常见的方式,这类广告擅长使用 3D 效果:解剖肌肤,水进去,美出来,令人眼花缭乱。"对比式"试图深入浅出,运用干枯的玫瑰花、裂缝的雕塑、甚至带刺的仙人掌等作为象征物,然而广告诉求和象征物毫无关联。

天进调查后发现,消费者不相信化妆品,认为大部分化妆品所标榜的功效具有欺骗性,很多明星的皮肤后期处理过于明显,3D 效果夸张,完全看不出肌肤原有的状态。消费者也许会被创意吸引,但最终不会实施购买行为;也会因为某个喜欢的明星或好的创意关注广告,但这与购买无关。

另外,化妆品广告还处于情感诉求的荒漠地带,产品卖点与消费者情感互动性低，很少做到高度统一。有的产品不讲具体的卖点，只讲女人的爱美天性，试图从内心打动她们；有的则仅仅给予女性空洞的精神激励，如"勇敢抓住爱人的心""勇敢面对全新的工作""我与你同在"等。

天进对水密码的直接竞争对手进行了重点分析，发现同类产品都将卖点放在补水的长效和深度上，如"24小时深度滋润""24小时补水更锁水"等。在比对了同等价位的产品定位及目标消费者后，天进将丹姿的目标消费者锁定为20～28岁的年轻女性，她们是未来消费的主导力量。护肤品能带给她们什么呢？外表对她们的重要程度，不亚于任何一件人生大事。她们中的大部分人认为，外表虽不是未来的决定因素，却是重要因素，好的外表能让她们获得更多关注。她们怀着憧憬和天真踏出校门，披着挫折和成熟步入社会，正在探寻未来的方向。她们希望在追逐梦想的路上，未来要看得见，方向要看得见。她们希望护肤品的使用能为自己的形象加分，带来信心，因而她们需要清晰地了解产品的使用效果，尤其是新产品。

对于化妆品的选择，她们尤其看中品牌的可信度，其次才是效果。如何判断化妆品的可信度？第一，国际知名品牌相对来说可信度更高，更易被选择；第二，口碑好的产品会优先考虑；第三，现场的试用也十分关键，手部皮肤的感受会直接影响购买行为。

而相比市场上的其他补水产品，水密码的独特性正是在于补水效果真实可见，轻轻一抹，皮肤上形成晶莹的滋润小水珠，并且可以快速被皮肤吸收。因此，丹姿水密码需要向目标消费者传递的信息是：如同未来的路要看得见一样，肌肤补水也要实实在在看得见，未来也要看得见。由此"补水看得见"这一卖点产生了，向消费者清晰地传递产品的物理价值、建立产品认知的同时，也升华了情感价值，提升了品牌形象。

丹姿·水密码经过传播，已经赢得了消费者对产品功能的认知，建立了较高知名度。从丹姿到水密码副品牌，丹姿的整体品牌形象在不断升级。起初"水密码"系列还是以子品牌的形式切入市场，从2012年起，"水密码"品牌实施战略性升级，从包装及品牌传播等方面，实施品牌形象的独立化，同时启用英文名称WETCODE，为品牌的长远发展奠定基础。2015年，水密码占丹姿集团60%的销售权重，成为丹姿集团核心品牌。

2.慕思：健康睡眠系统

慕思独特之处在于做资源的整合者而非产品制造者，把顶级供应商的优质零部件组合起来，打造成一套适合于消费者的整体寝具。为了让慕思直击消费者需求，天进采取了新品类命名策略，将寝具改为睡眠系统，避开与对手陷入同质化竞争的同时，拓展了产业延伸空间，盘活了床垫以外的睡眠配套产品。

在一个以制造为传统的大国，慕思作为寝具品牌却没有把心思放在床的生产和制造上面，而是放在了资源整合上，它把顶级供应商的优质零部件组合起来，打造成一套适合于消费者的整体寝具。

优质的产品供应链已经决定了慕思无法做低价格，只有占位高端才能确保利润。慕思这么做也为了打破切实存在于家具行业的定势：高端品牌历来是欧美企业的专享，中国制造则被视为低端的代名词，利润低，无研发，重营销，轻品牌，只能打价格战。

另一个不争的事实是，不管什么品类，随着制造成本优势的丧失，走低端路线已经没有竞争力，产品一定要有附加值才能活得好。而且，中国的消费市场已经发生了很大的变化，中产阶级越来越多，且将拥有全球最大的高端消费客户群。中国已迎来高端消费市场的黄金时代，这无疑为中高端品牌奠定了基础。

1）品类命名直击需求

为了让慕思直击消费者需求，天进采取了新品类命名策略。大多数情况下，消费者倾向于用品类来思考，当他产生某种需求时，想起的往往是该品类的领导品牌。而将品牌品类化就是实现第一时间满足消费者需求的有效策略。因此，天进为了避开与对手陷入同质化竞争，将慕思寝具升级为睡眠系统，在消费者脑海中建立慕思和睡眠的直接关联，当他想睡得健康的时候，首先就会想到慕思。此外，睡眠系统不单单是一个枕头、一个床垫或者一个床架，而是基于消费者身体特征量身定制各个细分单位，最后再组合起来的完整的睡眠生态系统，它甚至可能涉及音乐甚至空气，因而在消费者心目中建立起"一个系统，整套购买"的心理暗示作用，盘活床垫以外的睡眠配套产品。

2）洞察需求、区隔定位，以"健康"挑战"舒适"

天进通过市场分析发现，当时的寝具市场绝大部分的床垫品牌都将品牌核心利益聚焦在"舒适"这一点上，具体的差异只体现在技术支持点、舒适卖点方向以及传播手段上。并且围绕"舒适"，各品牌在技术概念上大做文章，创造出如"太空棉床垫""记忆棉床垫""航天睡眠技术""悬浮睡眠科技"等。

慕思产品定位市场中高端，主要面向中国的中高端用户。天进调研之后发现，中国的精英人群正处在事业拼搏阶段，压力很大，很多处于亚健康状态。对于他们来说，相较于舒适，健康才是真正的需求。而这一价值，正是目标消费者最需要且未被其他品牌所占位的。因此，天进主张慕思将健康睡眠作为主要的诉求，如图2-6所示。

图2-6　慕思健康睡眠系统

天进将慕思的定位牢牢锁定在"健康"上，并上升至品牌信仰和使命：让所有人睡得更健康。"健康"全方位渗透到了产品设计、卖场终端等诸多方面，并且通过产品的升级迭代，反过来升华和延展健康理念。第一代的慕思产品停留在保证健康的基础层面，床垫设有平衡网和除菌透气网，使床垫受力均匀，防虫防螨；第二代睡眠系统首次应用可调节排骨架、根据人体七区所设计的床垫等，让睡眠的健康程度得到了极大的保障；第三代在科技含量上更进一步，不仅可以电动智能调节排骨架、床品微环境，还配备了健康睡眠测试系统，让睡眠真正成为一个系统化的解决方案。慕思第四代睡眠系统建立在"六根对睡眠影响"的深入研究上，俨然是一个智能化的私享定制系统，采用了健康睡眠与休闲娱乐的融合、带有氧吧环境的空气清新系统等多项营造静心睡眠环境的技术。

一直以来寝具行业所推崇的体验式营销或许是误区，顾问式营销真正迎合了中高端消费者的需求。

3. 酸奶：经典滋味，欧陆风情

2003 年，天进与某酸奶品牌 A 首次合作，当时 A 的酸奶产品基本只在餐饮渠道销售，年营业额仅有几千万元。在天进的协助下，A 全面进军大流通渠道，重新进行品牌定位，时至 2014 年，数据表明，A 年销量接近 10 亿元，近乎 90% 的销售额依靠大流通渠道拉动。A 已建立起华南地区高端酸奶品牌形象。

A 原是餐饮渠道的王者，然而随着蒙牛、伊利等品牌的相继进入，A 的市场受到了严重威胁，销量每况愈下。究其根本，A 本身并未建立起有力的品牌背书和价值壁垒。首先，缺乏品牌内涵，除了功能型价值外（如口感），并不能给消费者带来其他的品牌附加值；其次，广告的投放量极少，品牌知名度不高；具体到产品本身，活菌奶的概念亦未被消费者广泛接受，包装不突出，无鲜明个性，与市场上其他同类产品包装雷同，极易让消费者混淆。

在天进的建议下，2005 年 A 开始进军大流通领域，推出杯装鲜酪乳，并在这一年开始有规模地走入商超，以产品带动品牌形象。结合欧陆品牌形象资产，以口感作为传播核心进行宣传、以挑剔作为品牌价值引发共鸣，成功在酸奶品牌中脱颖而出，迅速发展成为高端酸奶的代表。2012 年 A 又推出了凝固型酸奶，既巩固了高端酸奶品牌形象，又实现了利润增长的突破。

1）推杯装鲜酪乳，抢滩大流通领域

2004 年 A 酸奶在餐饮渠道站稳脚跟，但面临的形势不乐观，外有全国性大品牌阻击，内有品牌力和销售力增长的需求，A 迫切需要在营销端发力。在天进的建议下，其推出适应大流通领域的标志性产品形态——杯装鲜酪乳，以产品带动品牌形象，形成

在大流通渠道的传播影响。2012年，大流通领域渠道占A总销售额逾90%，A新品酸奶也迅速成为A的利润增长点，并进一步巩固了A高端酸奶的品牌形象。

入市之初，A大胆在营销渠道上走出了一条颇具差异化的道路：在高端餐饮渠道稳扎稳打。当时的餐饮并没有像现在这样的大众化，在酒店、西餐厅吃饭的人都是一些高端人士。A以珠三角为起点，在酒店、西餐厅等餐饮渠道首开先河，以品质积累起高端品牌的口碑。

在上述过程中A将酸奶推介成为佐餐饮品颇费了一番功夫。在广东省，尤其是广州的餐饮市场，"老火汤"一直占有非常重要的地位，消费者在一餐饭中喝了很多汤，也就很难再被说服品尝酸奶了。因此，为了避开与"老火汤"的正面对阵，A选择了包容性、接纳性更强的城市——深圳。在餐桌上喝酸奶不仅跳出了广东人的餐饮习惯，同时也跳出了酒楼的一贯做法，酒楼认为酸奶与其他高档酒品一起出现在客人的推荐饮品中很不可思议，但A的高层还是选择了坚持，相信只要消费者愿意尝试，就一定会被酸奶抓住。数年的耕耘之后，A成功借助高档酒店开辟了餐饮市场，找到了一块适合成长的好土壤。

然而，餐饮奶市场发展迅速，很快呈现百家争鸣的态势，但并未出现真正意义上的强势品牌，各大品牌也只是在区域市场称雄。更严峻的是，伴随蒙牛、伊利等乳业巨头相继进入餐饮渠道，各区域性品牌受到剧烈打击。随之而来的是，餐饮奶经销商开始看重厂家的信誉、服务和合作方式，倾向于和品牌潜力大、诚信度高的企业合作，不再把利润需求放在第一位。与此同时，随着市场的成熟，餐饮奶总体消费增长放缓，终端商会进一步对供应商采取收进场费的方式强化多元化品牌经营。

因而 A 想要解决营销渠道受限的问题，必然要从餐饮渠道向其他领域扩张。天进建议，A 一方面继续在餐饮市场中做强、做大，打造坚实的品牌价值壁垒，另一方面要考虑如何从细分走向主流——大流通市场。若继续在餐饮渠道恋战，没有大流通渠道对品牌的拉动，会削弱 A 的品牌影响力。同时，也只有在主流市场中占据一席之地，才能实现营销的规模化。

天进建议 A 推出适合大流通领域的产品形态——杯装鲜酪乳（见图 2-7）。A 开始尝试商超渠道，还试点开发了酒店、单位食堂、美容院等新的渠道，实现了预期的销售目标，为其他区域渠道的建设开发提供了良好的借鉴作用，全面的大流通继而水到渠成。杯装鲜酪乳的价格定位虽然较高，但是对于消费者来说还是可以接受的，其价格策略的成功为以后新产品的定价提供了依据。事实证明，许多跟 A 一样做餐饮的北方酸奶品牌，因为一味沉浸在餐饮渠道，没有在适当的时机跳出来走大流通渠道，后来越做越差，渐渐萎缩了。凭借耕耘多年的积淀，A 仍是餐饮渠道的酸奶老大，但事实上，数据显示 2013 年餐饮渠道占 A 总销售额不到 10%，A 超过 90% 的销售依赖于大流通领域。

图 2-7　杯装鲜酪乳

2）创新品类"原态酪乳",提升品牌溢价空间

当 A 成功地在目标消费者心目中建立起高端酸奶的形象之后,2011 年天进适时根据 A 的需要,开始了凝固型酸奶的策划。而天进的一个主要担忧在于,凝固型酸奶会与既有的鲜酪乳形成直接的竞争,因为二者在食用方式与消费形态上极为相似,会出现互相替代的现象。

为避免凝固型新品与鲜酪乳互相"抢食",天进建议提升凝固型酸奶的价格,拉开与鲜酪乳的价格差异,定价为鲜酪乳价格的 2～3 倍,让其成为 A 产品体系中最贵的品类,肩负提升品牌形象、获取利润的重任。

尽管凝固型的酸奶通常被大众称为"老酸奶",但是天进经过分析发现,A 的新品酸奶若仍以老酸奶命名,必将会陷入同质化竞争的泥潭。因而品类名的打造一定要满足以下标准:第一是价值感,能契合 A 的产地血统;第二是品质感,能使消费者产生凝固型酸奶的形状联想。

奶酪可以说是奶类制品里最高贵、最富有营养价值的品类。在古罗马时期,奶酪成为一种表达赞美及爱意的礼物。而其中,酪乳颇具价值感,它纯正、浓度高,是经典、品位的象征。天进经过严密的市场调研测试,从酪乳中延伸挖掘,结合 A 一贯的经典滋味,以"原态酪乳"命名新产品。这个名称能使消费者充分联想到 A 凝固型酸奶绝美的口感以及固态的性状,并能将产品和来自草原的奶酪产生关联。2012 年 11 月 A 成功推出了家庭新贵族原态酪乳,奶源高端、工艺高端和包装高端等诸多因素决定了原态酪乳高贵的品牌调性和定位基础。A 的原态酪乳以"味觉中的贵族"为诉求,经得起高端消费人群挑剔的眼光和味觉,

嫩滑、细腻、纯正的品质在同类产品中独树一帜。产品一上市，便迅速受到高端消费者的追捧，原态酪乳迅速成为 A 的利润增长点。

3）"源自草原"占位高端

在大流通渠道中，蒙牛、伊利、光明等品牌已经拥有很强的竞争力，A 必须另辟蹊径，才能突围而出。同类产品在物理及功能属性方面的各种诉求认知被先入为主的品牌所占据。天进为 A 确立了差异化的品牌定位"经典滋味，源自草原"，以稳固高端酸奶的形象。

大流通市场竞争越来越激烈，市场压力越来越大，价格大战和广告大战已经成为企业标榜存在、吸引眼球的生存手段。市场上几乎所有的品牌都在诉求健康、自然，此类认知资源已被抢先占据。同时，众多品牌都把焦点聚集在功能利益诉求上。然而酸奶市场已经足够成熟，消费者对于酸奶已经储备足够的认知，益生菌种类与数量、蛋白质含量，有无添加剂等功能诉求，显然已经不足以支撑高端定位。一直走高端路线的 A 要想在众多强势品牌中突围，必须突破其纯功能的利益诉求。

反观 A 酸奶自身所具备的优势。从口感上而言，浓、香、滑，A 是一流的。A 从开始便着重强调口感。同时天进经过消费者满意度调研亦发现，A 的消费群尝试购买和重复消费 A 酸奶的核心理由在于对 A 酸奶口感的高度认可。而事实上，A 之所以能制作出口感醇厚、爽滑的酸奶，这其中的秘密在于源于草原。草原是开发酸奶新产品的基地，每年约有近千种酸奶新产品问世。A 酸奶具有最好的菌种、工艺，再加上源自草原的优质奶，构筑了自己的竞争优势。A 还将国外进口的 5 种益生菌完美匹配，成功引进了欧洲酸奶的发酵工艺。这是欧洲经典酸奶的秘密，也是 A 发酵奶营养价值高、口感佳的一个秘密所在。同时，源自草原的形象对维持 A 的高端品牌形象起了很大作用。

4）"追求极致"引发价值共鸣

为了与消费者情感产生更加深层的连接，以增加品牌附加值，提升品牌溢价空间，天进认为必须为 A 高端品牌注入情感价值。天进通过深入洞察目标人群心理，结合 A 品牌，提炼出了"追求极致"这一价值诉求。

A 的消费者多为 28 ~ 45 岁的"三高"女性群体，即高学历、高收入、高品位。她们对于生活品质有着近乎挑剔的追求，她们崇尚经典，考究细节，追求极致，且注重品牌的文化价值。A 绝妙的口感，可以满足对味觉的极致追求。但这种满足不能仅止于味觉，需要从功能利益上升到精神层面的价值感知，进而衍生为对于生活的考究，对于完美的执念。

反观 A，其生产、经营理念都契合了"极致"这一价值感知。A 承载着"做最好的发酵奶"的理想，一直期望用一种追求极致的态度，为消费者生产经得起考验的产品，"专心致志只做发酵奶、只做最优质的发酵奶、做最好的发酵奶生产企业"。A 也正是以这种不求多元化经营、只求在酸奶这一个细分市场精心耕耘的专业态度与乳业巨头相抗衡。A 的 CEO 也是一个高雅内敛、有完美情结的人，他追求极致的习惯给了天进一个较高的标准，也给我们留下了深刻的印象。在他的坚持和主导下，A 在成立之初，就坚持一切高标准，每一个细节和元素都是高标准，不惜成本选用最好的奶源、最好的包装材料、最好的工艺。

因而，为了给所有消费者一个附加的购买理由，天进从感性诉求入手，以"追求极致"建立了高档酸奶的形象，让 A 的酸奶成为有品位人士的身份证，在情感上与竞争对手形成明显的差异，成功获取消费者的心理认同，如图 2-8 所示。

图 2-8　A 的宣传海报（非真实海报，仅供参考）

2.4.2　企业价值定位案例

我们通过东鹏的案例分析企业价值定位法如何落地。

一个有效的价值定位不能只考虑自身，还必须与同行业中的竞争对手形成差异化区隔，否则这种定位也是无效的。

1."美"是陶瓷行业的同质化价值

东鹏品牌原来的核心内涵是"东鹏瓷砖，世界之美"，诉求在"美"。美直观可见，你的产品美不美，消费者可以直观感受与判断。

天进在研究过程中发现,"美"其实并没有把东鹏的核心价值优势与差异化凸显出来。很多陶瓷品牌的定位与诉求都是"美"或"高大上",例如诺贝尔是"高端瓷砖典范"、欧神诺是"为专属而创"、新中源是"全球生活典范"等。在这种背景下,如果东鹏仍然继续将自己贴上"美与品位"的标签,很容易就陷入同质化泥潭。

2. 消费者重视瓷砖技术,东鹏恰好有工程师基因

事实上,天进调查后发现,美与品位只是消费者考虑的因素之一,消费者在购买的过程中还对瓷砖的技术含量与品质非常在乎,他们很重视瓷砖的防滑、易洁、保温等技术功能。

东鹏恰恰有工程师的基因,在技术上一直领先,例如它是广东省高新技术企业,拥有省级陶瓷工程技术研发中心以及300多项专利,它所研发的产品一直引领行业发展,这些强大的技术因子正是东鹏区别于同行的优势所在。

而且天进洞察到,消费者购买瓷砖的第一考虑因素是质量,但又无法客观辨别。我们认为这是东鹏的机会。我们要告诉消费者:东鹏有很强大的技术底蕴与工程师基因,我们要去占据这个差异化的高位。

所以,天进帮助东鹏把"科技"作为核心价值挖掘出来,通过对科技这一理性诉求,增强消费者对东鹏品牌的信任,并最终提炼出"科技·艺术·生活"的口号,如图2-9所示。结合消费者需求和自身优势,科技+艺术的融合输出,才是最能代表东鹏并打动消费者的表述,这就跟停留在外观、文化与高端诉求的竞争对手拉开了差距。

图 2-9　东鹏口号

3. 科技品牌核心内涵，指引东鹏未来发展方向

科技的品牌核心内涵，给东鹏指出的未来发展方向是技术研发在行业持续领先，所以东鹏要去抢占这个高位。千万不要小看这个高位，一旦占据，很多竞争对手就难以望其项背。而且随着中产消费人群的不断增长，愿意付费追求高质量、高品质生活的消费者将会撬动庞大的市场增长。

目前，东鹏瓷砖已经全面落地"科技·艺术·生活"的品牌战略，并着重向市场上推出彰显其科技水平的陶瓷产品。2018年东鹏推出的"空气净化砖"便是一款获得国家专利的产品。"空气净化砖"主打的健康诉求一经推出，便掀起了"挑剔"用户的购买热潮。

2.4.3 行业价值定位案例

本节通过3个案例分析行业价值定位法如何落地。

1. 海尔：智慧科技，海尔引领

1）天进助力海尔塑造人性化、时尚化、国际化的品牌形象

天进刚刚接触海尔时，这个来自北方的品牌甚至有点"土"。天进助力海尔塑造了更加人性化、时尚化、国际化的品牌形象。更重要的是，将海尔从产品导向扭转为消费者导向，并强化海尔基因。

一直以来，海尔将质量视为企业的命。对于技术和品质的执着已被深深植入海尔的基因，这固然好。但与此同时，"重质量"的基因也让海尔形成了在营销方面以产品为主导的思维。海尔曾以解剖洗衣机的方式向消费者展示产品的优良品质，但是这样的手法过于理性，缺少人情味，沟通力弱。再完美的产品若无法与消费者接轨，便无法走入消费者心智，更无法占据市场。一味诉求优质，仅在供不应求的时代是可行的。

但在当时那个产品渐显多元化、企业品牌意识萌生的时代，这种理念是注定没有市场的，转型迫在眉睫。当时的科隆、容声冰箱等被消费者认为是更加具有档次和品味的家电品牌，青岛海尔似乎难以匹敌。

天进对海尔品牌进行了人性化的改造，让产品诉求变得更加清晰，卖点更加鲜活、人性化，如三分钟暖房、十五米送风、氧吧空调等。天进从消费者需求入手，将生活场景注入进广告宣传中，不仅塑造了海尔人性化、时尚化、国际化的品牌形象，还为其进入国际化战略阶段奠定了坚实的基础。

2）海尔从不墨守成规，也从不自以为是

放眼全世界，老牌家电企业如飞利浦、通用电气成长至今已有 100～120 年，松下、三洋成长至今约 80～100 年，LG、三星也有 70 年以上的发展史。相比而言，中国的家电企业代表海尔成长至今不过 30 余年，为何后发企业在短短 30 余年时间里走过了传统发达国家企业百年的道路？

这与海尔极强的颠覆创新能力不无关系，从不墨守成规，也从不自以为是。已经 30 多岁的海尔，仍不断进行着变革与转型。

1985 年，张瑞敏砸掉了 76 台质量不合格的冰箱；2014 年，张瑞敏裁掉了 1.6 万名中层员工。而在 2021 年，一向被视为传统制造业标杆的海尔要转型为"互联网企业"，从一个生产产品的企业转型为聚集创客的平台，从一个封闭的科层制组织转型为一个开放的创业平台。

1998 年海尔开始实施国际化战略，2005 年开始实施全球化品牌战略。天进和海尔的合作开始于 1997 年，结束于 2007 年，跨越了海尔至关重要的战略发展阶段。这十年是海尔成长最快的阶段，海尔这个曾跻身全球 100 个著名品牌的唯一中国品牌，也正是在这十年间改变了品牌调性。

3）物联网时代，践行"智慧科技，海尔引领"

进入物联网时代，家电企业暴露出了一个明显的短板：普遍缺乏全品类、全场景、全生态的覆盖能力。而长期聚焦"智慧家庭"的海尔，面对构建智慧家庭多维度、多层次的复杂需求，恰好可以提供最全面的场景生态方案，满足用户智慧家庭的综合需求。凭借"软件＋硬件"双布局，搭建起衣食住娱行全流程不断

迭代的无界生态,在智慧家庭领域领跑行业。

海尔的发展阶段大致可以被分为这样几个:名牌战略、多元化战略、国际化战略、全球化战略以及目前的网络化战略。不难发现,"智慧科技,海尔引领"的核心价值,不断指导海尔以技术进步和商业模式创新引领行业,成为影响中国乃至全世界的行业排头兵。

2. 视源股份 MAXHUB:让智慧更智慧

2017 年 3 月 28 日,视源股份推出企业服务品牌 MAXHUB,以智能会议平板为核心,提供综合智能会议解决方案,致力于提升企业会议效率。2019 年,视源股份被《财富》评为中国 500 强企业,自首创"高效会议平台"这一品类以来,连续四年市场占有率第一,持续领跑国内会议平板市场。

1)业务场景延伸,原有定位无法概括现有业务布局

随着发展,MAXHUB 业务场景逐渐从会议场景向办公协同场景、行业业务场景(如零售门店、银行网点等)拓展。一方面,智能会议平板产品,因其在显示、交互一体化的优势,被应用到了会议室外,如在零售门店中进行商品的在线展示;另一方面,MAXHUB 的产品也从单一的智能硬件,向多元硬件终端+软件、综合解决方案转变,而这些产品已不再局限于会议场景。

面向未来,MAXHUB 将持续基于在液晶显示主控、多点触摸交互和音视频信号处理上的技术积累与创新,为企业办公协同、企业数字化提供智能终端和综合解决方案。原有的品牌定位——"高效会议平台"已无法概括 MAXHUB 现在与未来的业务场景和产品布局,并成为未来在新场景的拓展和推广上的一种阻碍。

于是视源股份找到了天进,希望通过品牌定位升级来更准确地概括MAHXUB,与目前在会议平板市场上的竞争对手建立区隔,并帮助推动未来新场景和新业务的发展。

2)产品同质化竞争,导致"高效"定位失效

天进调研发现,在"高效会议平台"品类开创初期,与传统会议室相比,"高效"定位确实十分有利于精准打击竞品。但随着市场发展,不同的竞争对手涌现,产品功能同质化,导致继续打"高效"难以实现差异化。

在激烈竞争中,天进发现这一市场玩家众多且优势各异,有时玩家之间还会互相整合。会议平板市场的特殊性,也要求新的品牌定位应更具兼容性,以更好地应对竞争,如图2-10所示。

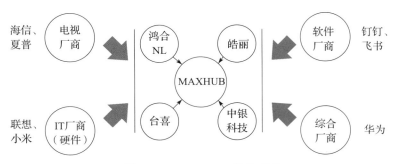

图2-10 MAXHUB竞争态势

同时天进洞察到,即使是进入市场多年的投影仪,渗透率也并不高,似乎会议显示设备打不开海量企业市场的大门。MAXHUB会议平板目前更多作为辅助性工具,属于会议改造、消费升级产品，可能几间会议室只需购置一台产品，天花板效应明显。为此，MAXHUB需要进入更大的市场去抢占份额，同时又在自己的业务范围之内。而这个市场，也是由企业的共同需求所催生的。

3）协同办公成企业"新基建"，MAXHUB与"协同"天然适配

在产业链协同的大环境下，协同办公成为企业"新基建"，亦是不可逆的办公趋势。企业追求"效率"的背后是对生产力的渴望。受疫情影响，企业数字化转型步伐加快，即时通信、协同文档、远程会议等，每一业务场景的背后都需要对应的协同功能和信息化系统作为支撑。而MAXHUB隶属协同办公工具，并在会议生态的探索中逐步尝试会议管理、共享文档等的软硬件一体化解决方案，涉足协同办公领域。

相比钉钉、飞书，MAXHUB的协同天然有场景适配优势；相较其他会议平板厂家，MAXHUB基于行业的智慧商业解决方案更加专业，可为金融、医疗、零售以及党政领域的企事业单位或机构提供一站式智慧协同服务。在与MAXHUB核心层的探讨中，天进提炼出了MAXHUB核心优势"场景化的协作平台"，并进一步厘清MAXHUB的产品延伸脉络：以"场景"为底层逻辑，在适配性与开放性的优势上，通过软硬件智慧协同，实现全场景覆盖。

4）定位"智慧协同平台"，让智慧更智慧

由此天进为MAXHUB提出新定位——"智慧协同平台"，由过去"高效会议平台"的2.0信息化工具协同，全面升级为3.0时代的场景与协作高度融合，以场景智慧强化协作智慧，实现真正的高效。同时，天进建议以"让智慧更智慧"作为MAXHUB的品牌口号，其中包含两种深意：其一是MAXHUB

生产的智能终端将更加易用、专业；其二是MAXHUB将协助团队协作，激发个人智慧，化协作为企业生产力，实现企业真正的高效。这也是MAXHUB一直以来秉持的理念，"用智慧的力量赋能协作，将协作化为组织的核心生产力。端连万物，承载真知，让智慧更智慧"，如图2-11所示。

图2-11　MAXHUB新品暨战略升级海报

2021年4月15日，MAXHUB新品暨战略升级发布会圆满结束。会上公司宣布新定位"MAXHUB智慧协同平台"，在"让智慧更智慧"的品牌理念下，推出全场景协同终端，并发布软件——MAXHUB协作平台，让协同生态形成闭环。此次发布会得到了超过20家平台的同步线上直播，超百万人次在线观看，反响热烈。

天进有幸与视源共同完成品牌战略升级，期待MAXHUB未来几年获得高速增长。

3. 亿田：集成科技重塑厨房空间

集成灶是一个代替传统烟灶的创新品类，天进认为亿田不能局限于自身技术，而是要精准地把该品类的利益点翻译出来，并传达给消费者，才能在导入期快速获取增长红利，让集成灶替代传统烟灶占领新的市场。

1）集成灶企业竞争同质化，品牌营销雷同

集成灶市场增量来自替代传统烟灶，集成灶企业的竞争也把矛头直指传统烟灶品牌，因此各企业的核心利益表现集中，卖点雷同，诸如"炒一百个辣椒都不怕""下吸力，很给力""健康无油烟""油烟不上脸"等。不可否认，这种"卖点的直接对决"是助力终端动销的好手段，但是集成灶企业未来的竞争着力点单靠"升级卖点"是难以支持品牌做大做强的。

为了取得消费者信任，各个集成灶品牌通过强调自身背景、规模、资质、渊源等来降低消费者决策难度，比如采用"集成灶行业的开创者与领导者""可拆洗集成灶发明的专利人""侧吸下排技术的首创者""浙江制造认证"等宣传语。

关于信任层资产的争夺五花八门，你有我也有，根本难以区分高下。比如：A 品牌的"浙江制造认证"与同产业集中地的 B 品牌相比，有何区别？C 品牌创造了"开创了侧吸下排技术"，D 品牌发明了"可拆洗集成灶技术"，它俩有何区别？消费者认为大品牌都好，但根本区分不了哪个好。

2）消费者痛点：厨房空间小、油烟大、功能少

天进在调研时发现：集成灶还处于品类教育阶段，产品优势是取得消费者信任的基础。但是消费者购买集成灶的决策背后，其实也不单是基于集成灶的强吸烟优势。消费者对集成灶的隐性价值认知是，集成灶本身兼具整体厨房中嵌入式的空间收纳以及更多功能的集成。

集成灶不单具备"嵌入式"的整体厨房设计，也具备"嵌入式"没有的一体集成多功能的先进科技。集成科技成为集成灶这一品类竞争的原动力。同时我们也发现，整体厨房的趋势是嵌入式，嵌入式的未来还在于集成技术赋能。

另外，在厨房空间领域，不同的品牌层级自有不同的角色属性。第一层级是满足功能性需求的品类品牌，对于这类品牌消费者更加关注"使用方便，功能全面"，需求点在于"做饭方便"。第二层级是满足空间性需求的专业品牌，对于这类品牌消费者更加关注"空间享受，轻松烹饪"，需求点在于"做饭开心"。第三层级是满足象征性需求的行业大牌，对于这类品牌消费者更加关注"彰显品味，生活美学"，需求点在于"非做饭论的另一种存在"。

而现阶段集成灶品牌皆处于依托产品抢占"品类品牌"的短线思维中。天进认为，集成灶仍处于品类教育阶段，一方面还需聚焦诉求"强吸烟"，另一方面也当去标榜"专注集成科技"的身份，以构建未来消费者对亿田品牌专业厨电属性的心智认知。

在整个品类处于成长期时，销量不足以构建品牌核心竞争壁垒，现阶段品牌优势更多的是仰仗集成灶产品本身的特性及渠道规模。

3）以"集成科技"重塑亿田品牌身份

从天进独有的"品牌价值定位 6 级模型"来看，现在的集成灶定位处于行业能级的感性维度，但消费决策还是理性主导。对亿田进行价值主张重塑，要基于商业模式、自身资源、竞品认知等因素，而在具体的作业方法上，有 3 种基本的重塑路径。

❑ 路径一：同一能级、同一维度的价值主张改变。
❑ 路径二：低能级→高能级。
❑ 路径三：理性/感性维度→感性/理性维度。

于是，天进帮助亿田聚焦"中高端、注重高品质的消费家庭"，确定"专注集成科技"的品牌定位。专注集成科技不仅是技术的集成，还是产品与功能的集成。在集成灶销量排名在前的企业中我们可以看到几乎性质一致的品牌诉求，如表 2-1 所示。

表 2-1 国内各大集成灶品牌定位及价值主张对比

品牌	品牌定位	价值主张
帅丰	集成灶厨房电器 侧排下吸技术开创者 集成灶行业第一品牌	集成灶环保灶,开创厨房美好时代 帅丰集成灶,就这么健康
美大	集成灶行业第一品牌 下排油烟技术开创者	下吸力,更给力 怕油烟,用美大 有美大,家更美
火星人	集成灶就是火星人	集成灶就选火星人 油烟不是问题,问题是您的油烟机 不让油烟上您的脸 火星人集成灶,炒 100 个辣椒都不怕
森歌	高端集成灶品牌	森歌集成灶,相信她喜欢 健康向上,油烟向下
亿田	中国集成灶领航者	有亿田,无油烟 集成灶,我选亿田

亿田的品牌广告语是"科技重塑厨房空间",品牌核心价值确定为科技、专业、安全,建立"以集成科技,重塑厨房生活空间"的品牌理念及"创造中国新厨房,引领健康新生活"的品牌使命。天进帮助亿田以集成概念重塑整体厨房,打造专业感、科技感、时尚感、先锋感的品牌风格及科技、轻奢、简约的产品风格。

另外,天进提出,亿田未来不仅提供单个产品,还提供"单平米多功能"空间解决方案服务,为不同厨房空间提供"产品+服务"的改造方案,这也是亿田未来产品线规划乃至品类延展的标准。

2.4.4 消费者价值定位案例

本节通过 2 个案例分析消费者价值定位法如何落地。

1. 欧派：有家，有爱，有欧派

自 2007 年与欧派牵手以来，天进为欧派制定了产业延伸的三级战略，橱柜—整体厨房—大家居，推动欧派从橱柜行业的领先品牌成为整体厨房行业的领导品牌，提出了"全屋定制"的概念，率先由产品定制走向家居空间定制。

1）提炼价值主张，明确品牌情感定位

在发展过程中，欧派一直试图去建立和表达品牌价值主张。2007 年，天进发现欧派进入了一个定位的误区：在营销中交替使用不同诉求，致使品牌价值主张变得模糊，也给消费者造成了认知混乱。天进经过系统研究，将欧派品牌的核心价值定为对家人的爱，明确了"有家，有爱，有欧派"的传播口号。

从欧派所处的发展阶段来看，2007 年，欧派的产品线已经延伸至了整体厨房，并且未来可能继续延伸，因而"快乐厨房"的理念明显狭隘。而"品味科技"侧重技术角度，其局限在于科技给人的感觉较冰冷，且有不少数码产品及家电品牌也在诉求"科技"。然而，家和爱是永恒不变的主题，是人类的共性需求。重新审视欧派的产业及企业的发展状况，天进认为，不管是橱柜、厨电还是木门、衣柜等，它们都围绕着"家"的空间而存在，"家"的概念可以涵盖欧派的众多品类。

一个家奢华也好，现代也好，传统也好，它的本质意义在于爱。消费者打造家居空间的目的是希望给家人最好的照顾，希望传达对家人浓浓的爱。爱是家最动人的地方，也是消费者最希望从家居产品中感受到的东西。而欧派希望提供给消费者的，不仅仅是冰冷的家居产品，更是对消费者家居空间的关注。欧派领导人将这种使命感牢牢注入到企业的行为之中。加之，2007 年，世人正处于金融危机的惶恐之中,"有家、有爱"的传播其实在一定程度上是在安抚受挫的情绪。

因此,天进帮助欧派最终确定了"有家,有爱,有欧派"的品牌价值主张,让"对家人的爱"这一理念贯穿始终,用家庭的温馨关爱来烘托品牌,构建幸福、踏实、温暖的形象。天进也相信,契合了企业精神与消费者需求的价值主张,更有生命力。

2008年之后,欧派的品牌价值主张稳固在了"有家,有爱,有欧派"这句话之上。经过持续的曝光,聚焦之后品牌的传播效果远胜于前,欧派与"有家,有爱"建立起了强势的关联,使消费者对欧派的形象有了更清晰的认知。通过多年的坚持与积累,而今,"有家,有爱,有欧派"已经成为欧派品牌的一项战略性资产。

2)重建身份识别,双核驱动聚焦全屋定制

2013年以来,欧派制定了3年销售额由40亿元迈入100亿元的集团战略目标。但欧派发现,在大家居产业之下,其品牌资产面临被稀释的风险。天进受欧派委托,开展深入的市场研究,进入第二次集团的品牌战略规划。调研发现,不少消费者知道欧派,却不知道欧派的具体产业,品牌与品类的关联只有22.5%。纵观欧派的发展,欧派曾经等于橱柜;2008年之后的欧派是整体厨房的代表;2011年以来,欧派产业领域快速、大范围延伸,在这过程中欧派渐渐失焦。此外,调研中消费者反映:幸福、踏实、温暖是欧派突出的情感价值,但品牌的享受感和成就感偏弱。欧派品牌价值驱动有些疲软,驱动购买的以竞争优势为基础的理性价值缺失。

因此,欧派必须再次强化身份认知和品牌再定位。

前一轮的品牌建设为欧派积累了丰富的消费者资产,包括对

品牌的情感共鸣和品质信赖，这些是欧派的优势。但市场在变，消费者也在变，重新抓取消费者的利益热点势在必行。通过对欧派的消费者分析，天进发现，他们是一群具有生活智慧和强烈进取心的人（见图2-12），年龄大多为26～45岁，受过良好教育；家庭月收入在1万元以上，有良好的家庭条件；注重家庭，愿意给家人更好的生活品质，因而在选择品牌时，希望通过品牌增加对自己和他人的认同感；他们正处于事业的上升阶段，锐意进取，工作的同时也懂享受，希望工作之余能获得智能化、人性化、高品质的轻松生活享受。欧派作为整体厨房的领导品牌，在向大家居王国迈进的路上，除了给消费者家庭幸福感，更应该代表着一种引领未来趋势的生活方式和家居理念，承载欧派大品牌的气质与行业使命，以牢牢锁住欧派的目标群体，赢得他们持久的信任与尊重。

欧派用户是具有生活智慧和进取的一群人

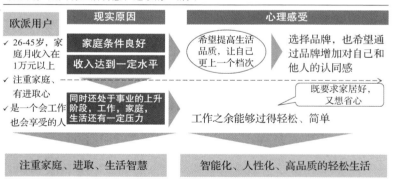

图2-12　欧派用户画像

因此，对欧派的身份描述必须能够迎合未来家居消费趋势，统领各品类业务模式，即规模化、精细化、高品质定制。理性的竞争力在耐用品中永远是最有说服力的，天进在调研中也发现，

"精湛的工艺、生产规模实力、完善的设计销售服务"的整体定制体系,最能吸引消费者。其中"成熟高效的规模化定制"是欧派的核心竞争力。欧派的"全屋定制"代表未来趋势,代表着轻松享受、智能、精致、人性、个性、精细、和谐,也就是一种更具有智慧的定制,如图2-13所示。

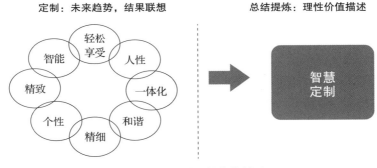

图2-13 欧派理性价值描述

天进将其总结提炼为"智慧定制",其内涵可以简述为"组合的和谐化,设计的人性化,技术的智能化"。它是对人在家居空间环境中的生活行为规范,是对人的生理、心理、情感和生活方式等方面的个性化愿望进行全面的筹划,通过巧妙的收纳组合、人性化的精心设计、智能技术的运用与光影色彩的和谐艺术,为每个家庭构筑独有的温馨舒适、轻松自在与精致优雅的生活享受。

2. 茶妈妈小青柑:幸福的味道

2019年,天进为澜沧古茶旗下快消品品牌茶妈妈做品牌升级。从澜沧古茶对快消茶的划分标准出发,澜沧古茶内部把传统饼茶、沱茶、砖茶之外的产品都称为快消茶。

1)明确快消品类范围,界定核心消费人群

审视澜沧古茶旗下的产品阵营,主要包括两类产品:一类是以 001、0085 为代表的传统茶,具体产品形态包括茶饼、茶砖、茶沱等高价值产品;另外一类是快消品,具体包括陈皮普洱系列、丹珠系列、小茶饼系列、三角包系列、袋泡茶系列、杯装茶系列。

然而,从营销界定义看,快消品更多是指使用寿命短、消费频次高的产品,以不贵的日常消费品为主,比如个人护理产品(牙膏、洗发水等)、家庭护理产品(洗衣液、驱蚊器等)、食品饮料产品(巧克力、咖啡等)、烟酒产品。

上述产品的决策成本低,因此可总结出快消品具有以下消费特征:冲动型消费,消费取决于个人偏好。另外,产品的外观包装、广告促销、价格、销售点对快消品交易起着重要作用。回到茶行业,天进理解的"快消茶"为:可以快速决策,无须进行品饮体验等复杂过程的茶叶产品,其营销的关键在于扩大首次尝试和高频复购消费,打造消费闭环。

因此,澜沧古茶真正归属于快消品的产品,范围应该界定为"三角茶包、袋泡茶、杯装茶系列",这类产品价格不贵、消耗快、高频次的特点满足快消的定义。

基于以上调研,天进得出一个市场洞察:有些茶产品介于传统茶和严格意义上的快销茶之间,即一个中间市场,我们将其称为小沱茶市场。研究发现,小沱茶细分市场的产品主要以小沱、小砖出现并进行命名,被市场接受的主流宣称为小沱茶,"小金砖"也有一定的认知基础。

而且，小沱茶解决的核心消费痛点是"追求一定的传统讲究，但又怕麻烦"（快消属性）。

另外，从市场格局看，天进发现小沱茶市场呈现以下趋势。

- **头部效应明显**。小沱茶市场已取得良好的市场效益，天猫排名前五的品牌月销量均超过1万，电商市场集中度高。从当时最近一个月的销量来看，前八名销量遥遥领先。
- **非知名品牌为市场主要竞争者，几乎没有传统大品牌**。这说明主要的消费者为非专业茶客，对品鉴要求不高，主要满足日常口粮茶需求。而澜沧古茶陈皮普洱、丹珠、小茶饼系列价格水平适中，又兼具传统茶的品鉴性及快消茶的便捷性，所以其真正归属的是小沱茶市场。

综上所述，根据不同消费痛点，天进把茶产品的核心消费人群分为三类。

- 第一类是资深茶客。他们是传统茶的核心消费人群，核心消费痛点是追求茶的品鉴价值，十分重视茶本身的产品质量及体验（如品饮试用）。
- 第二类是爱茶者。他们是小沱茶（小青柑、丹珠及小茶饼）核心消费人群，对茶有一定的讲究，重视便携性，既重视品牌，也重视产品。
- 第三类是入门级消费者。他们是快消茶（三角茶包、袋泡茶、杯装茶）的核心消费人群，对茶不太讲究，比较怕麻烦，重视经济性，同时也注重品牌，比较依赖第三方经验及品牌背书。

2）厘清发展阻力，红海撕开突破口

分析茶里成功的经验，天进认为澜沧古茶需要重新审视消费需求和竞争环境，制定更具竞争力的产品、营销、渠道等市场进入策略和落地配套措施，才有可能在红海市场中撕开一个突破口。

参照领导品牌立顿的人群画像，天进发现袋泡茶消费主力是35岁以下的女性白领、学生、个体经营者。为了了解三角茶包的市场机会，天进组织了3场评测调研，分别选取经典熟普、玫瑰普洱、菊花普洱为代表与大益进行对比评测，以此为基础整合全网信息，对三角茶包产品进行诊断分析。

调研发现，澜沧古茶为了拓展年轻人生意，以"自我降维的姿势"进入袋泡茶市场，即主体沿用传统普洱产品原料，进行便捷化的包装形态改变。但由于传统和快消市场差异大，导致产品、品牌均不适配，市场进攻受阻。

（1）产品方面，需求错位，传统优势未发挥出来。

- 口味不适配。偏苦涩的口感与年轻人追求风味口感喜好错位。澜沧古茶三角包茶和袋泡茶产品绝大部分用"熟普"为茶底原料。对于注重养生的中老年人来说，"熟普"的主要功能为"温润养胃"，他们可以包容其重口感。但是对于年轻群体，偏苦涩的口感与在饮料、甜筒、奶茶等风味型为主的饮食环境中成长的年轻人口味偏差巨大，不容易被年轻人接受。
- 饮用方法不适配。脱离功夫茶的环境之后，个人消费者不会刻意控制用水量和冲泡时间，容易导致口味过重。用水量方面，由于每个消费者使用的水杯大小都不一样，并且个人加水量也很难统一，很容易影响茶汤的浓度。冲泡时间方面，不像功夫茶那么讲究，个人消费者很难精确地把握冲泡时间，通常是以立顿提倡的2～3分钟作为经验标准，茶叶容易过度析出，导致口感苦涩。
- 外观不适配。澜沧古茶袋泡茶的深沉的汤色容易造成古朴的联想，与年轻人的时尚轻快追求不匹配。茶里作为外观新潮的代表，汤色透亮，紧密迎合了年轻人小资的生活方式，容易获得年轻人消费偏好。

（2）品牌方面，资源配置有限，品牌赋能少。

袋泡茶毛利低且上市晚，业务地位边缘化，几乎不能获得资源支持，导致在大众市场的品牌影响力不足，无法为线上线下动销加持。同时外部市场竞争激烈，袋泡茶市场早已经是红海，形成线下以立顿为代表、线上以茶里为代表的主要阵营。在上述自身品牌影响不够大和产品竞争力不足的情况下，澜沧古茶面临的竞争挑战更加艰巨，如图2-14所示。

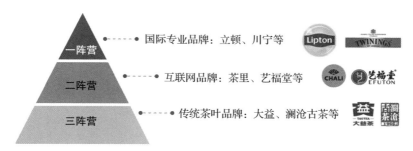

图2-14 澜沧古茶市场竞争调研

虽然茶妈妈小青柑的品质过硬，但价格高出同行很多，如何高效地传递产品价值感、实现高溢价是营销的关键。在门店采用传统茶"品饮"体验营销模式来推介小青柑，让消费者真真切切感受到产品的价值，以卓越的产品力来建立品牌信任，天进认为这是澜沧古茶快消茶未来升维进攻的成功关键。

3）从口感、功能、社交维度，梳理茶行业底层价值

从茶行业的底层价值基础出发，逐个维度进行解构分析。

从价值基础上看，茶产品具有品鉴价值、营养价值及社交价值，分别表现为口感、功能和社交，如图 2-15 所示。将研究尺度放得足够大，以更宏观的视角来看问题，横跨传统茶、小沱茶、快消茶、新式茶及茶饮料泛行业，发现如下趋势。

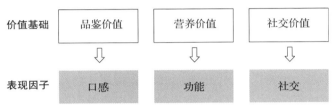

图 2-15　澜沧古茶市场调研

（1）口感趋势上，越快消化，口感越复合。

由于茶叶本质上是一个农特产品，容易受气候、土壤、采摘时间等环境因素的影响，口感差别很大。举个例子，纯料茶的口味纯正，口感和品质差异小，能充分体现不同区域的茶叶的特点，通过统一采摘，甚至单株采摘可以确保"一山一味，一地一香"的纯正味道。

而拼配茶的口味是微融合的，将不同特点的茶叶的口感进行调和，做到扬长避短，显优隐次，高低平衡，使得原料优化组合，保证产品批次的稳定性。可见，拼配技术下的微复合口感更容易保持口感稳定性。于是，各大品牌通过"复合口感"降低品鉴门槛，提升产品直接感知价值。其中"糯香口味"最受市场欢迎，前 20 名单品中有 55% 是糯香型。

以三角茶包产品为例，传统茶与水果、花茶融合的复合口感，呈现领跑市场的态势，尤其是蜜桃乌龙、茉莉花绿茶、桂花乌龙表现出众。从新式茶的代表"喜茶"来看，由水果、芝士、茶底、鲜奶、珍珠口味元素交叉组合形成的"复合口感"受市场热捧,单一口感的纯茶销售贡献率垫底。在茶饮料领域,"复合口感"的优势更加突出,柠檬茶、蜂蜜柚子茶等受市场青睐,"维他柠檬茶"大单品成为了支撑整个品牌半壁江山的支柱性产品。

对口感趋势做个小结,我们发现在从传统消费到快速消费过渡过程中,消费成本越来越低,但是产品需要强烈刺激消费者神经调节系统使其获得愉悦享受,才能获得再次消费,"复合口感"是一种屡试不爽的方式。

(2)功能趋势上,注重可感知的健康微改善功效。

喝茶作为中国传统的健康生活方式,主要提供抗疲劳、促进新陈代谢、降血脂、减肥等无法明显感知的静态功能,在此基础之上,消费者对茶的健康功能有了新的要求,即注重可感知的健康微改善功效。其中关键原因在于,社会整体养生意识爆发式觉醒。在庞大的养生群体中,新一代年轻人成为重要的"养生力量"。

大数据显示,80后和90后作为新生代消费主力军,超过70%具有养生意识。于是"养生茶"应运而生,成为继滋补调养、营养食品养生品类后的第3大养生品类。从天猫销售数据来看,具有"除湿、清热去火、补肾、暖胃、补气血"等较显性功效的养生茶走俏,说明消费者追求的养生不是"慢养",而是有一定"微治疗"功效的。从舆情数据来看,全网关于"养生茶"的舆情讨论中,有约近一半的讨论与"功效性"话题有关,如缓解、祛湿、效果等。

对功能趋势做个小结,我们发现在国人身体亚健康问题整体突出的大背景之下,养生需求被结构性激发,养生不再是中老年人的专利,年轻人已成为重要新生力量,人们对养生产品的要求也更加苛刻。

(3)社交趋势上,茶跟烟酒一样,在社交中一直扮演着重要角色。

在"强社交型"饮茶消费的基础上,个人消费市场的成长不可忽视:个人独处自饮消费正在崛起。独饮市场崛起的原因有3个:

- 中国城镇化进程不断加速,而城市是典型的陌生人社会,以家庭关系和工作关系为主,邻里文化逐渐消失。
- 经济多年提速发展使得工作节奏越来越快,大多数城市白领常年处于高压的工作环境之下,社交时间被结构性压缩。
- 移动互联网时代,社交关系越来越"轻",虚拟社交取代了大量真实社交。人们投入大量时间在微信、微博等社交工具上,刷手机成为生活中重要的一部分。

对社交趋势做个小结:虽然城镇化、经济提速、网络社交等综合因素促使个人消费市场崛起,但中国茶的社交文化根深蒂固,会依然强大并继续长期存在。因此,我们大胆预测,未来自饮市场将与传统社交市场并驾齐驱,成为两股核心力量。第一股核心力量是以传统功夫茶为代表的强社交型众饮,第二股核心力量是以快客杯族为代表的个人独处自饮。

目前茶妈妈的主要问题在于,把小沱茶和快消茶进行了合并,导致市场定位失焦。但实际上,这两者分属不同的细分市场,目标人群有着不同的需求。要突破上述瓶颈,首先要回答细分市场问题(生意来源):茶妈妈要做什么样的茶?

- 从快消口感上,茶妈妈不具备相关经验与能力。以喜茶为代表的"复合口感"路线对综合经营能力要求高,需要具备快速的产品研发能力(两个月出一款新品)、强大的资本投入能力(单店平均月流水120万元)、店员能动性管理能力(品控管理、效率管理、激励管理等)、终端精细化运营能力(引流能力、动销能力等)、供应链整合和管理能力(计划管理、采购管理、配送管理等)。
- 从专业功效上,茶妈妈优势也不大。以凉茶为代表的"治疗功效"路线偏离品类属性,天进也不建议采用。茶妈妈快消茶与凉茶的价值竞争范畴不同。凉茶本质上已经脱离了茶的范畴,属于具有药理治疗功能的"药",尤其是在广东等湿热地区需求量大。另外,凉茶的市场空间一直在委缩。
- 从茶妈妈的产品特质看,茶妈妈的健康微改善功效突出。在快消口感、专业功效路线均不占优势的情况下,此方向为我们的首要的选择。从品类特性上看,普洱茶具有诸多养生功效,比如降血脂、抗动脉粥样硬化、降血糖、减肥、预防脂肪肝、抗氧化等,从拳头产品特性上看,小青柑作为拳头产品,在普洱茶的基础上,融合了陈皮的养生功效。
- 从消费者痛点看,处于亚健康状态的消费者对养生的刚性需求更加强烈,容易被激发起消费欲望。

所以,基于上述战略市场方向,茶妈妈未来的产品线将会围绕"健康微改善解决方案"进行研发和布局。

4)从健康到幸福,喝出幸福的味道

确定战略定位后,巩固消费者对茶妈妈快消茶的价值认知成

为主要目标。天进帮助茶妈妈梳理兼具无形价值和有形价值的品牌价值体系，分别是功效可信、口感出众、创新时尚、自饮方便。

- 功效可信：多考虑采用"药食同源"的食材。这些食材须已经在大众心中具有了"实效"的认知（如人参普洱），用"可信功效"打击普通普洱茶或其他茶类功效欠缺或不可信的短处。
- 口感出众：充分整合普洱、红茶、绿茶和白茶等的口感。因为年轻养生一代对口感也尤为重视，所以在配方设计、开发方面还必须充分重视最终口感。加之价值认知定位是养生茶，而非"普洱茶"，所以茶妈妈未来的产品研发方向必须脱离现在的路径依赖，将目光放至所有茶类云南除了普洱还有红茶、绿茶和白茶，可充分整合。
- 创新时尚：融入时尚、年轻元素，追求新鲜有趣。要实现出众的口感、可信的功效，产品就必须具备强大的创新力。同时，由于茶妈妈目标客群比较宽泛，毕竟不是古树茶的那些"发烧友"，所以无论产品包装、品牌调性还是营销活动，都需融入时尚、年轻的元素，满足年轻人追求新鲜、有趣的需求。
- 自饮方便：最后，也是最关键的，需要与澜沧古茶传统板块建立边界认知，茶妈妈的产品需要具备"自饮属性"与"方便属性"。自饮属性，意味着更适合单独品赏；方便属性，意味着对茶具和冲泡手法等依赖度低，即冲即喝、方便携带。

在发展过程中，茶妈妈一直试图去建立和表达"健康"的品牌价值主张。健康是所有茶的共性，所以从健康角度切入无法突出茶妈妈的差异化优势。

从茶妈妈所处的发展阶段来看，虽然茶妈妈现阶段的产品线较为单一，只有小青柑、丹珠、小茶饼，但未来可能延伸到其他品类的花茶。作为一个面向未来的新一代健康微改善养生方案，茶妈妈不仅功效可信、口感出众，而且创新时尚、自饮方便，因而健康的理念明显狭隘，且较为侧重产品功能角度，其局限在于给人感觉较冰冷，且有不少快消茶品牌也在诉求健康。如果茶妈妈仍然继续将自己贴上健康的标签，除非茶妈妈能在健康这一共同属性下找到细分且强有力的支撑点，否则很容易就陷入同质化泥潭。

"幸福"的概念可以涵盖茶妈妈的众多产品，而且幸福是永恒不变的主题，是人类的共性需求。调研发现，绝大部分消费者对于"茶妈妈"品牌的第一联想就是爱与幸福。一听到"茶妈妈"，他们感觉到亲切而温暖。口感测试方面，大部分茶客反馈，虽然茶妈妈贵一点，但实在好喝许多。遇到澜沧古茶及茶妈妈之后，就再也喝不习惯品质差一点的口粮茶了。对于这个品牌的热爱，从超高的品牌复购率就可以看出来。

重新审视茶妈妈核心目标人群及未来产品线，天进认为，不管是小青柑、丹珠、小茶饼系列，还是未来各种各样的花茶、果茶等，它们都围绕着"幸福"而存在。舒服健康是幸福的，享受美味是幸福的，方便高效是幸福的，被人关爱是幸福的，张扬个性是幸福的，收到礼物更是幸福的。

因此，天进帮助茶妈妈最终确定了"喝出幸福的味道"的品牌价值主张，让幸福贯穿生活始终，以茶滋养都市奋斗的年轻人疲惫的心灵，构建茶妈妈温暖、亲切、踏实的品牌形象。

天进相信，契合了企业精神与消费者需求的价值主张更有生命力。

2.4.5 群体价值定位案例

本节通过 2 个案例分析群体价值定位法如何落地。

1. 王老吉:喝的是一份吉祥

为何区区凉茶饮料可以制造销售额破百亿元的销售神话?

同样的问题也可以问可口可乐。尽管它们卖的都是有甜味的水,可口可乐会回答,我卖的不是可乐,我卖的是欢乐(Open happiness);而王老吉会回答,我卖的不是凉茶,我卖的是吉祥(吉庆时分就喝王老吉)。你不一定需要可乐,但随时需要快乐;你不一定需要凉茶,但一定需要吉祥。所以你发现了吗?它们的共同之处在于把产品卖到了你的心里,让产品代表了某个独特的价值。而在消费者心智里占据一定的位置,就是品牌定位,它直接与市场占有率挂钩。它们所采用的都是有价值的文化定位,这种定位具有持久传播力,也能撬动市场。

1)入市之初王老吉的定位:广药凉茶始祖,凉茶的代名词

从 1995 年至 2002 年,加多宝集团用了 7 年时间才使王老吉的年销售额达到 1 亿元,之后就停滞不前了。究其原因,是凉茶定位出了问题,说起王老吉就想到祛火的中药凉茶,皆知是药便不能常饮,市场和销量自然受阻。广东之外地区的消费者对凉茶无概念,市场难以扩张。

王老吉以凉茶始祖的身份标签进入消费者认知中,尽管在凉茶细分市场上占据着一定的位置,但依然面临着扩张的困惑。一是地域界限,困在华南市场无法突围。凉茶反映了特有的饮食方式和烹饪方式,与特定的地域属性密切相关,因而王老吉一旦走出广东的凉茶文化圈,就难以向外扩张。二是过度强调凉茶这一品类属性,让消费者无法对品牌有更独特的认知。

2)突围广东后王老吉的定位:怕上火,就喝王老吉

解决"上火"问题,是个功能性的表达,也是一种市场区隔,背后有着极大的市场空间。王老吉在 2003 年销售额增至 6 亿元,2004 年则一举突破 10 亿元,2005 年更是飙升至近 25 亿元。

2003 年,王老吉的定位变更为预防上火的功能型饮料,口号为"怕上火,就喝王老吉"。"怕上火"的概念是个功能性的表达,不同于凉茶的概念,会受地域和品类的限制。解决"上火"问题,接通了凉茶本有的功能,是人人都可能产生的需求。看似细分的定位,也是一种市场区隔,背后潜藏着极大的市场空间。此时,天进接手王老吉。将一个刚走出广东区域的凉茶品牌迅速推向全国,并使其成为饮料行业全国性领先品牌。天进围绕着降火的功能诉求,拍摄了王老吉的广告,通过川菜火锅节、世界杯赛事、北方冬季等推广活动,使王老吉的定位消费者遍布大江南北。

尽管王老吉凭借功能型定位摆脱了原有的地域属性,但是在品牌传播高歌猛进之时,天进发现功能型定位仍存在一定的局限。

(1)**定位功能型饮料,消费场合、频次受限,市场增长空间被锁死**。预防上火的概念输出之后,消费者普遍把它当成功能型饮料,对上火有担忧时才会选择王老吉。这必然限制了消费者的选用频次以及场合。另外,在广东,消费者普遍将中药凉茶当成"药"服用,是药三分毒,不能经常饮用。而且,红色王老吉口感偏甜,广东消费者感觉其"降火"药力不足,无法满足"祛火"需求。

(2)**易被取代,面对竞争对手缺少阻击空间**。即便是瞄准了担忧上火的人群,王老吉也还是要面临金银花、菊花、罗汉果、凉粉草、马蹄爽等同功能的饮料的竞争。在凉茶同品类竞争中,王老吉可以预防上火，和其正也可以，邓老凉茶也可以。显而易见，具体的功能诉求极易被模仿和取代，在面临竞争时，王老吉除了在知名度上具有一定的优势外，没有任何其他品牌资产上的优势，品牌的核心竞争力严重缺乏。

总之，王老吉想要谋求长足的发展，势必要重新定位。

3）王老吉吉祥定位，成就千亿品牌价值

从怕上火功能定位到吉祥文化定位，双重定位加持，提升品牌力；节庆消费助力销量飚升，成就中国饮料巨头。2009年，王老吉凉茶单品年销售额攀升至160亿元，超过了可口可乐；2010年，广药发布消息，宣称"王老吉"品牌价值过1080亿元人民币。

天进认为单靠功能诉求很难让一个品牌产生持久的魅力，或者持续产生巨大的影响力。品牌想要做大、做强，需要功能和情感双重诉求的加持。反观国际上成功的饮料品牌，除了在品牌成长之初卖功能价值，后期都会走上情感价值的发展壮大之路。可口可乐刚开始定位于"提神、醒脑"的功能性上，之后逐步建立大众饮料品牌形象，百事可乐则用"新一代的挑战精神"定位与可口可乐抗衡。它们都被全世界众多消费者认可与喜爱。纯功能定位饮料的生命周期是有限的，只有具有强烈文化色彩的饮料才能深入人心，具备持久的竞争力。因此，王老吉需要寻求文化定位上的突破，在消费者心智中占据独特的位置。

为此天进展开了一系列的调研活动。在调研过程中我们发现了一个很有趣的现象：在温州一带，王老吉的销售状况相对不错。然而支撑市场销售的，除了凉茶带来的功效，还有另外一个重要的原因。江浙消费者喜欢王老吉身上的喜庆感，在各类节庆酒宴场合，都将王老吉摆在桌面上，王老吉成为当地喜庆场合的饮料。

这一洞察给了我们新的思路：中国的节庆礼品及用品是一个巨大的市场机会，市场上的饮料尚且没有一个品牌与吉祥文化挂钩。吉祥文化根植于中国人心中，王老吉完全可以成为吉文化的象征，攻入消费者心智。回头审视王老吉：大红色的罐身，用毛笔书写的字体，充满了中国味儿。在中国但凡喜事大事，都有红的装点，王老吉的红罐瓶身很是应景。并且，"王老吉"这个品牌名中还带着一个"吉"字，自然让人联想到吉祥、吉利等美好的寓意，十分契合中国消费者的想象路径和利益氛围。此外，"王老吉"三个字无法被复制，"186年，独家秘方"更是其他凉茶所不及，百年老字号为这份吉文化增添了几分权威与厚重。这些都构成了王老吉和其他品牌的根本差异，更是吉文化定位的现实依据，不可颠覆。因此，天进为王老吉确立了吉文化定位。

为了把吉祥深深烙印进王老吉的品牌文化，并牢牢占据消费者心智，天进为王老吉进行了一系列相应的营销落地活动。从2003年开始，中国盛事、百姓喜庆、春节前后都有着王老吉的身影；2008年奥运前夕，56个民族祝福北京的广告活动，以及2009至2010年的亚运营销活动"亚运有我，精彩之吉"，把王老吉的吉文化传播推向高峰。老百姓都喜欢在春节把王老吉作为送礼以及聚会的饮品。每年光是春节前后一个多月的销售额就占到了全年的40%。

王老吉作为中国饮料业的一个奇迹，销售量不断出现跳跃式增长，主要原因是其品牌战略的成功实施，特别是品牌定位的成功。而成功的品牌在消费者心目中其实都具有双重定位。一个是基于产品或服务的独特的销售卖点（USP），着重为消费者提供实在的物质利益（怕上火）；另一个是基于品牌文化的形象，企图在消费者心智中占据独特的位置（吉文化）。如果只重视产品卖点，无疑是一种短视的表现。尽管在品类发展初期,独特的销售卖点可以获得一定规模的市场,但是进入品类发展后期,想要突破瓶颈,摆脱同质化、低层次的竞争,一定要靠品牌形象。将文化内涵融入品牌,形成文化上的品牌标示,能大大提高品牌的品味,使品牌形象更具特色。中国文化源远流长,国内企业应该给予更多的关注和运用。

2. 红谷:阅繁华,悦自然

不是固守与复刻已成功的模式,品牌就能存活。当代的企业更应该深谙与时俱进之道,否则会被时代浪潮狠狠拍死在沙滩上。而与时尚为伍的品牌更应该与时俱进。

1)红谷皮具的质朴原始与民族风格,与主流时尚格格不入

红谷皮具于2002年在云南丽江创立,传承600年束河流派皮具制作工艺,以一种自然、质朴、原生态的产品风格进入市场,散发着浓厚的民族特色。从自主生产到连锁加盟,店铺数量几何式增长。时至2009年,全国专卖店已逾千家。红谷的很大部分消费者是成熟女性,即所谓的持家女性。在时尚气息并不浓厚的区域与相对低端的业态中,没有谁像红谷一样,关注到这群成熟女性,而这类消费者又属于该业态中消费能力较高的一群人。

照此逻辑,似乎每个地方都会有红谷的消费者,以这种模式不断复制到其他区域,品牌就可以获得良好的发展。然而,实际情况并非如此。毋庸置疑的是,消费者的生活方式、审美观念、购物渠道等都在发生着变化。日益扩张的红谷,在市场和时代的双重驱逐下,品牌价值日渐模糊,一直以来标榜的束河流派、民族特色以及步行街印象极易使品牌沦为低端小众,陷入品牌发展危机。

红谷皮具的质朴、原始、民族的产品风格已很难迎合现代人的审美观念，极易沦为小众，和主流时尚格格不入。只有撕掉束河制作、民族特色的印象标签，红谷才能走出产品和品牌的双重困惑。天进将红谷品牌重新定位为自然，重新明确了品牌价值，建立起时尚、现代的品牌形象。

在品牌创立之初，红谷以一种质朴、原生态的产品风格进入市场，致力于传达丽江丰富的人文理念和闲适自在的生活方式。浓浓的民族特色如一阵清新之风吹进当时还很繁华的步行街。几年间，红谷在二三线城市迅速扩张，时至 2009 年，连锁店已逾千家。而此时，红谷品牌遭遇了品牌和产品的双重困惑：产品研发没有新思路，广告口号也一再更换，逐渐丧失了鲜明的品牌个性。究其根本是因为红谷的品牌定位已经不能完全满足现代消费者的价值取向需求，因而在时代进步、市场变换、潮流更新的冲击下乱了阵脚。

2）低、中、高各档次品牌，从卖产品转变为卖文化

那么竞争对手在说什么？纵观皮具市场，低、中、高各档次的品牌进行着从卖产品到卖文化的不同层次诉求。关键的是，各层次品牌都在找一个具有差异化的价值，试图从情感上打动消费者。LV 想要帮它的消费者传递的是"我们都是有个性的女人"Prada 想要帮它的消费者传递的是"我是个事业有成的女人"，迪桑娜、菲安妮、Why 等品牌的诉求也类似，都想要通过一种女权主义式的诉求来拉近品牌与女人之间的距离。

红谷的广告语随着品牌的发展，历经几代更替，至今令消费者印象深刻的都只限于功能性的传播，如"手工真皮制作""中国人自己的皮具品牌"等。那么，红谷能否凭此完成从"卖产品"到"卖个性"的品牌升级，并提出一个差异化的品牌价值主张,从众多的品牌中脱颖而出?

3)成熟持家女性:追求自然自在,不奢华也绝不廉价

这就需要回到消费者心智这一原点,品牌价值主张一定要从消费者中来。天进调研发现,红谷在多年的经营中不知不觉聚焦了成熟的持家女性市场。对该群体来说,补偿性消费是她们释放自己的重要表现,她们拥有独特的时尚和消费观念。尽管家庭永远是在成熟女性生活中占第一位,但是在家庭和事业稳定后,找回自我也成为了她们的需求。这类群体已经具备了相对稳定的消费心态和成熟的价值观念,长期持家的习惯也让她们没那么容易接受新的时尚消费理念。她们不冲动购物,不盲目赶时髦和新潮,理性而有辨别能力,注重商品本身的价值体验。

事实上,与年轻人相比,阅历是她们最引以为傲的资本。岁月把柔弱换成了柔和,把清纯酿成了醇厚。少了年轻女孩儿的那种"酷辣"和"冷傲",也不是被生活逼出来的咄咄逼人,而是成熟女性洞悉人情、体察人心的那一份包容和暖意。因而,从她们身上所繁衍出来的时尚文化是自在且淡然的。即使她们有支付奢侈品的能力,也通常不愿意大幅度增加自己与他人的距离感。

红谷应该代表的就是这样一种自然、自在的美,不奢华,也绝不廉价。它是那些刻意营造距离感的品牌不会也不能提供的价值,然而它却是一种女性长期需要的心理状态。

因而,天进建议将"自然"作为红谷品牌定位的核心,倡导一种品牌理念:和于自然,至善至美。而这更是一种生活处世的态度,重要的是和目标消费群体的价值观和生活态度极其吻合,可以很好地帮助消费者在群体中定义自己。拤着红谷穿行在繁华的都市中,同时还能感受自然所带来的轻松自在,演绎独特的现

代都市的自然风尚。基于此,天进提炼出了"阅繁华,悦自然"的广告口号。

2.4.6 社会价值定位案例

本节我们以象屿集团为例介绍社会价值定位的落地方法。

象屿集团是中国 500 强之一,在 2011 年即将跨入资本运营平台的全新历史阶段。这样的背景下,天进协助象屿完成了三大品牌战略规划任务:品牌提升带动整体业务体系突飞猛进,为核心业务打造全新品牌市场战略,搭建品牌传播形象体系。

天进通过市场分析,站在国家和行业的高度提炼了象屿集团和象屿股份的品牌定位。象屿集团核心价值观概括为:共谋长远,发展可持续。该价值观定位于共建更具生命力的社会及商业模式,这契合了中国未来经济模式转型。天进在此基础上提出了"让我们走得更远"的广告口号。与此同时,天进将集团旗下的象屿股份定位为"绿色供应链",提出了"绿色链动未来"的广告口号,以领先的品牌价值观缔造行业新高度。

1. 象屿集团定位:共建更具生命力的社会及商业模式

秉持向战略导向转变的原则,逐步协同、聚焦业务,以清晰的企业定位,聚合分散的力量。因而集团定位的逻辑在于分析和把握市场机会,挖掘业务之间的共性,提炼象屿特有的核心竞争力,与其他企业形成竞争区隔。

天进通过调研发现,在既有客户心中,象屿已经拥有了较多的美誉。70% 以上的客户都认为象屿的行业影响力大,企业形象好;60% 的客户认为象屿的行业市场份额高;70% 以上的象屿客户忠诚度高；近80%的客户都认为象屿的品牌信赖度及知名度高。

通过深入挖掘，良好数据之下潜藏了象屿独有的优势：象屿各板块核心价值在于持续发展，与客户共同成长。象屿股份为客户提供创新、高效、阳光、低碳的绿色供应链服务，与上下游企业共同成长，赢得更长远的未来。建设板块具有比较强的营销策划能力和严格的成本控制能力，打造更和谐、舒适、绿色的人居环境。发展板块依靠集团强大的供应链运营网络和管理实力，为消费者呈现绿色、健康、高品质的生活消费品。资产管理版块以良好的品牌信誉和企业实力为保证，为客户提供灵活、便捷、及时、多样化的融资等金融服务，提升客户竞争力。

综合以上，天进将象屿核心价值观概括为：共谋长远，发展可持续。核心定位（品牌信仰）为"共建更具生命力的社会及商业模式"，这同时也契合了中国未来经济模式转型的大格局。广告语为"让我们走得更远"。象屿希望能与客户、员工、股东和社会一起，开拓更光明的前程，赢得更长远的未来。

2. 象屿股份定位：绿色供应链

当象屿集团逐步提高协同度、增强核心竞争力之后，由先前的多元化业务模式，形成新的集成化业务模式，象屿股份应该如何定位？

首先，从行业的角度来看，降低能耗、提升效率是物流业未来发展的必然。作为高能耗的国家战略性行业国企，需要站得更高，看得更远。相关资料显示，运输物流行业的能源消耗总量一直居高不下。据粗略统计，能耗成本已经占据运输物流企业总成本的40%。中国物流成本占GDP的19%，距离世界物流成本的

9%，效率还处在一个较低的水平，有很大的提升空间。

客户的需求已由单一的采购、仓储、运输转向一站式服务、整体解决方案。伴随着业务协同度的逐渐提高，整体管理服务能力的加强，风险管控越发严格，象屿能为客户提供的是一站式解决方案。与此同时，象屿还能通过敏锐的市场发现能力，让上下游之间的信息更透明，而不是以价格差来盈利。

因此，天进提出了将象屿股份的核心定位（品牌信仰）：绿色供应链。"绿色"代表了整个行业发展的使命和愿景，可提供透明高效、绿色环保、更具生机活力的一站式整体供应链解决方案。象屿不仅在为客户提供的解决方案中践行"创新、高效、阳光、低耗"，也通过绿色的理念和增值服务帮助客户赢得更美好的前景和未来。因此，在"绿色供应链"的定位之下，提出了"绿色链动未来"的广告语。

第3章 Chapter 3

全渠道数字营销：入口经济时代，处处皆入口

2020年以来，线上化场景激增，消费全面线上化倒逼企业进行数字化转型。数字经济的蓬勃发展，也带来大众消费观的变化、下沉市场的增长、电商直播的兴起以及网红经济的发展。这些都暗示着每个人的消费行为、社交行为在发生深刻的变化，而消费者和市场形态的变革又必然带来组织供给和生产方式的变革，这是组织战略、管理、品牌、销售的新时代，也是我们所说的数智化时代。

以前，线上和线下、直播和零售就像平行线，按照各自的逻辑脉络发展。而如今，线上和线下开始融合，直播是为了零售，平行线变成相交线，企业也面临数字营销的挑战。

3.1 切忌徒有表象：何谓全渠道内核

3.1.1 全渠道的正确打开方式

全渠道营销表明了线上和线下融合的趋势，反映了互联网改造现实世界的使命感。在一切相关的软件和硬件还没成熟之前，线上和线下平行发展，并没有交会在一起。当许多必要条件成熟后，线上和线下的商业交会，催生了各种各样线上和线下融合在一起的玩法，而这些玩法似乎都可以用全渠道一词概括。事实上全渠道并不是指某个具体的产品或服务形式，但全渠道营销之于企业，是触及灵魂和 DNA 的改变。

首先，全渠道极大地推动了传统线下商业的数据化进程（包括电子商务化，即非数据商品的数据化）。数据沉淀是全渠道很重要的一项使命，传统企业与互联网企业的分水岭也在于商业数据化，传统的线下销售模式决定了消费者的数据分散在各处经销商手中。互联网公司和传统公司的核心区别在于，前者在营销的同时获得 CRM 数据，后者在营销和铺渠道的同时只获得销售数据。前者可以通过数据持续营销并影响消费者，所以其营销效率更高。线下企业则缺少数据的收集系统。

其次，全渠道缩短了品牌商和消费者之间的距离。品牌商将直接和消费者面对面，代理商将成为投资商或者转化为品牌商。如果损害到现有经销商、代理商的利益，那么全渠道这样的战略基本会夭折，这也是大量传统企业在面对互联网时采取谨慎态度的原因。

所以，如果非要给全渠道下定义，可以这样理解：**全渠道是线上与线下的相互反哺，它对接信息、产品和服务，优化产业链，撮合供需双方，进而帮助社会资源实现优化配置。**

具体而言，全渠道有如下几个主要特征。

1. 撮合供需双方，打破信息的不对称

渠道商、代理商、中介既是纽带，又是屏障。尽管它连接了供需的两端（品牌商和顾客），但同时也阻碍了双方互动，造成了二者之间的信息不对称。

全渠道改写了这样的局面，让品牌商可以直接面对消费者，甚至把多个品牌商汇集在一起组成平台去对接需求方。譬如租房中介、家政中介，有需求的消费者只能靠中介提供的信息去判断，但是家政全渠道平台或者租房全渠道平台的出现就打破了这样的信息不对称。在这些平台上业主可以直接对接租客，同时汇聚了多个中介提供的信息。

2. 去中介化，从生产端直接到消费终端

去中介化减少了产业链环节，节省了时间和层层累加的费用。

以家装公司为例，土巴兔对接的是用户和家装公司，惠装对接的是用户和施工队，把中间的家装公司砍掉了，这就是去中介化。传统零售商和传统服务商的商业模式是怎样的？先是从供应商到渠道商，渠道还会有一级渠道、二级渠道，甚至多级代理，然后到销售终端，最后才到消费终端，它有很长的一个链条，每加一个环节，都会加价，成本就会叠加，这是一个增加消费成本的问题。

3. 共享经济，资源整合

资源不仅仅指资金，还包括时间、技能、空间。全渠道把这些线下资源转换成商业数据，展现在平台上，实现了资源的聚合和优化配置。

原本闲散的资源聚合之后激发出巨大的商业价值。短租、拼车就是这样，家里的某一间房不需要住，把它租出去，这是空间资源的整合；上门按摩、上门足疗、上门美甲，这些都是手艺人技能的整合，是手艺人对闲置时间的利用。

4. 产业链优化

传统企业在互联网化的过程中常常会问这样的问题：是做平台还是做产品？其实，企业最后想做的和最有价值的都是产业链上的生意，而不只是简简单单的一个业务。

比如 e 袋洗的根本目的是要做居家用品的保洁保养，甚至最后可能延伸到所有家庭生活服务；云家政的根本目的是提供一站式的家庭服务。

平台已经接触了很多的供应商和渠道商，可能供应商和渠道商之间会有一些需求需要去对接，同时，这个产业链上还有其他很多事可以做，不是简简单单只做某一个业务，所以平台是在撮合一整条产业链。

3.1.2 企业全渠道营销架构

千人千面、私域营销、内容经济等新的营销概念正在重新定义企业全渠道营销的模式，这一点自新冠疫情暴发以来表现得尤为明显：第一，单纯的线上或线下企业不再具备很强的竞争力，如何积极思考及布局线上线下的融合发展成为企业增长的新动力。第二，全渠道营销不是线上线下割裂发展，而是经营数字化链路打通、营销数据双线融合与互相决策赋能。第三，触点即渠道，企业媒体化成为趋势，线上营销从中心化电商平台升级到综合电商、垂直电商、内容电商、私域电商共同发展，门店成为私域流量的来源。

1. 线上和线下的双重逻辑

许多线上的商业发展到一定程度便觉得天花板抬头可见，对于这类商业来说，未来要想继续发展，似乎只能借助线下。

现在PC端平台电商的红利期已经过去，PC端平台线上获取用户的费用暴涨了好几倍，而烧钱引流获取用户一直又是线上品牌发展的关键，这就导致许多低毛利企业可能撑不过这一段艰难时期。于是，许多线上品牌向线下求发展，建仓储、开门店，撕下线上品牌的外衣，贴上全渠道标签。

PC端的没落还和移动技术、移动电商的快速发展有关，移动端商业的发展分流了PC端商业的用户。比如，有赞、微店、微盟等一系列基于移动互联网技术的电商平台快速兴起。比之于PC端线上品牌，这些平台坚定走社群模式以内容吸引用户，客户对其价值认同感高，与其黏性也较强。而PC端线上品牌的用户是基于产品体验与企业产生黏性的，这种黏性较弱。

那么是不是PC端线上的商业就完全可以放弃了呢？其实也不是，据统计，PC端线上商业的销售额总量仍然非常可观，其与移动端线上商业联合形成的全渠道线上商业更是未来的发展方向。

所以，当前许多线下的商业还在往线上转移。

从信息的角度而言，当消费者通过用户评价、专家意见或者社交媒体等线上渠道获得产品质量信息，完全可以从线下完成交易。总而言之，低效率的商业模式将会被取代。在移动互联网时代，我们开始从分发流量向分发时间转化。移动互联网在本质上是极大地提升了沟通的效率和支付效率。当年线下的领导者苏宁、国美之所以没落了？不是因为线下渠道不行了，而是因为互联网卖东西的方法比传统的方法来得更有效。所以线下与线上结合，才是企业未来的发展方向。

2. 商业数据化

市场并不缺少好产品和用户，缺少的是一个连接他们集中输出的精准平台。平台需要将用户和品牌之间的信息对接，在完成这一步之后，销量自然会得到明显提升。全渠道发展的一个明确方向，就是让商家利用互联网技术完善会员体系，特别是会员系统建设、会员营销方面的工作。越来越多的商户意识到会员的重要性，在会员信息的搜集整理、身份的确认、会员营销和会员维护等方面，他们一直希望能通过互联网，特别是移动互联网，让工作更加高效快捷地进行，从而掌握先机。例如商户通过互联网发放卡券以吸引、刺激消费者消费，进而使其形成消费惯性，促成营销的爆发点。

3. 媒体、电商和社群的三重属性

全渠道平台在未激活之前等同于无，全渠道系统激活后的运转，需要一个良好的系统去支撑。一套完整的全渠道系统应该同时具备媒体、电商和社群的三重属性。一个以目标客户的生活方式为核心的平台，其本质是一个集中了清晰目标用户的平台。依靠搭建中间渠道进行流量变现是盈利模式之一，借助互联网、媒体化操作方式进行工作也是盈利模式之一。

线下商城橱窗、柜台等空间，都是品牌描绘品牌故事、传递

品牌价值的最好延伸空间。而全渠道媒体属性的作用就像每一个品牌的橱窗，用于营销推广和艺术展示。同时线下空间也是必备的，它所承载的职能是将内容、社区与产品的体验实体化，在与用户接触的过程中产生化学反应。

全渠道三重属性的融合还可以被进一步延伸为五个部分，分别是媒体、社区、电商、产品孵化、线下体验空间。每个部分承载不同功能属性，譬如社区部分，用户可以在社区内分享喜欢的物品，并将物品图片、购买链接以及物品标价打包上传。社区内除了用户，意见领袖也是重要的组成部分，还可以引入明星、红人等增加影响力，叠加口碑效应。

3.1.3 移动互联网时代：如何布局全渠道入口

移动互联网时代，场景将成为新的全渠道入口。

场景常常表现为与游戏、社交、购物等互联网行为相关的，通过支付完成闭环的应用形态。其中，能够触发用户沉浸式体验或者能够使用户长时间停留的应用形态，如视频、游戏、微信，可以被理解为超级入口。任何一个场景都可以成为消费者行为的促发点，成为全渠道平台的流量入口。

- **线下实体**。以宜家为例。每年 3 家新店的扩张速度并不能跟上中国消费者的需求，电商也未能发展成熟，因而宜家采取了建立订货中心的做法，以此嫁接实体零售和电商销售。订货中心开在人流量比较集中的市中心商圈，为了控制成本，面积大约是宜家商场的十分之一。
- **物流网络**。欧莱雅把菜鸟驿站变成了派样站点，用户在菜鸟驿站扫描二维码后支付一分钱就可以领取样品了。欧莱雅的派样站点已覆盖近20座城市、3000家便利店、500所高校，领取试用装的90%都是新用户。
- **IP社群**。有吸引力的内容，具有一定的影响力，可以被演绎成各种形式，譬如书籍、电视节目、电影、游戏、社区等。影响力、吸粉能力的大小决定了IP的价值。通过一个个微信群、线下社群将粉丝沉淀在社群，在互动、推荐过程中完成销售。

还可以通过自建平台或者第三方平台打通线上线下渠道。

入口反映了媒体和电商之间的协同效应：电子商务和媒体作为两条平行线却在一个平台上交会了。这也是类似于全渠道的接口式交会。目前，这类平台的典型代表就是微信，准确来说企业需要的应该是一种类似微信的"电子商务＋媒体"形态的综合平台。

关键的问题是入口逻辑如何水到渠成？

流量很重要，但是也变得越来越不重要。流量批发的红利时代结束了，迅速登场的是社交关系，是基于更加鲜活的人格吸附所形成的人格连接。"罗辑思维""凯叔讲故事"探索出了新的流量入口逻辑：更具公信力、也更具活跃度的人，便是获取用户成本极低的、更精准的、更智能的流量入口。

3.1.4 重构全渠道模式

全渠道营销架构的核心是数据，数据需要一个存储的地方，微信、微博、电子商务的CRM后台都可以存储用户数据。整个数据交换过程不再只是产品的消费，还包含你的观点和创意，甚至涉及信任、关系、投资、联合创新等。所以这导致了线上销售模式的多元化，超出了以钱易物的范畴。全渠道将商业带入了数据时代，颠覆了传统的销售逻辑。具体来说，分为如下几种模式。

1. D2C

D2C（Direct to Consumer，直销）就是指通过全渠道平台，品牌商和消费者可以进行直接沟通甚至完成交易。D2C模式下，生产变得个性化和定制化，店铺陈列不再唯一，线下店铺的体验、配送功能被推到了前台。

那么中介会消失吗？这倒不一定，但肯定会进行角色的切换。代理商或者渠道商转型成品牌商、投资商、众筹商。过去传统的代理商将成为公司的众筹投资商，不同之处在于这些投资商不享有地域经营的价差利润。这些众筹投资商并不是一般的天使投资人，而是与联合创始团队具有高度信任关系的朋友，即众筹投资既是资金众筹也是信用众筹。

D2C模式强调以强关系、高信用为驱动的分享和销售。换言之，一个产品如果获得多数人的信赖，将得到口碑推荐，这就是直销的原理。

2. 定制化——满足个性化需求

PC电商遵守的是传统陈列销售逻辑，但实现了实物商品的数据化。而移动互联网电商则会更进一步，实现定制化，即支持用户通过定制搜索来发现自己想要的商品。生活服务类的垂直聚合App，类似58同城、大众点评网、苏宁易购等，都是基于某个行业的垂直定制搜索产品，既能满足消费者的个性化需求，也能满足消费者的社交需求。

3. 私域营销——从捕鱼走向养鱼

传统主流媒体被多元化的新媒体代替，流量越来越分散。一些企业非常注重引流，却忽视自身流量池的建设与运营，虽然积极跟进新媒体和第三方平台投放，从微博、今日头条、知乎、抖音、天猫、淘宝等平台引流，但市场预算却只有推广引流费用，没有用户运营计划和预算。用户来了一拨，很快又走掉一拨，剩下一群僵尸粉。企业花费了昂贵的流量成本，却没有持续开发现有的用户资源，造成了巨大的浪费。造成这种局面的关键原因是：没有扭转传统营销思维，更没有意识到如果能运营好一群老用户，企业获得的收益至少可以增加 7 倍以上。既然增速放缓已成定局，企业能做的就是改变以往一味追求增量的策略，注重对用户终生价值的运营。

一般来说，我们把某一客户在一定时间内（终生）可能为企业带来的利润额称为用户终生价值。过去我们把潜在用户称为鱼，大众流量就像一条小河从企业的门口流过，企业通过一些方式从这源源不断流过的河中捕鱼，这就是流量转化。现在企业面临流量越来越贵的窘境，即使换一个更美味的诱饵或者加快抓鱼的速度，也很难增加转化。这时候企业需要更换一种策略：去筑一个池塘，先把鱼养起来，再抓来吃。

BAT、TMD（今日头条、美团、滴滴）就像一片汪洋大海，蕴含着巨大的流量，来自这种超级流量平台的流量我们称之为公域流量。从字面上理解，鱼塘就是与汪洋大海相对应的另外一个词，即私域流量。企业或品牌方要利用好公域流量，建立引机制和模式，将鱼引到自己的鱼塘中，这是企业的必由之路。在自己的鱼塘中，企业和品牌方不需要付费，可以在任意时间以任意频次直接触达用户，比如会员系统、自媒体、微信群、微信号等。企业可以抛出利益诱导用户进入鱼塘，或者靠扎扎实实的优质内容吸引用户。这是企业接下来 3～5 年的工作重点。在经济不景气的时候,私域流量至少能帮助企业从存量中找到增量,从而继续生存下去。

4. 微分销——让社交成为生产力

品牌商和代理商往往期望分享和口碑能成为品牌营销的手段,利用这种手段让每个时间节点(热点事件、节假日)、每个平台(微信、淘宝、京东、大众点评、爱奇艺等)都成为品牌曝光的点。品牌商和代理商从线上向市场散落大量的碎片化品牌信息,让品牌露出频次大幅增加,从而取代传统的广告和公关。然而他们忽略了一个重要的事实:没有关系哪来分享?没有信任哪来交易?

微分销让社交变成生产力的意义在于,通过分享传递价值,将信任关系转化为代理关系,让社交资本变现。微分销的本质是价值、体验、信任和分享。体验和信任带来口碑,信任和分享带来圈子。品牌仅推送消息是不行的,还要通过圈子、基于兴趣来建立强关系。通过强关系圈子进行的分享,销售转化率才高。许多分享难以激发口碑和销售,往往是因为信任不够,缺少信任的分享不能激发口碑。企业应不断开展线下活动,加强沟通,建立信用关系,让数据变得有温度。

5. 直播带货——流量直接变现

电商与直播的结合,催生了异常火爆的直播带货模式。然而直播依然与流量深度捆绑,成为流量直接变现的一种手段。如果无法预判流量红利消耗见顶的背景下直播电商的未来,那么头部网红仍然会承受来自外界的质疑。

与网红不同,直播带货成为企业卖货的电商渠道之一。按照传统的电商逻辑,流量的聚集和分发都是由处于头部的电商平台来完成的,双十一便是如此。如果只坐拥海量的流量却无法将其激活，那么流量只是一个数字而已。基于这样的背景，头部电商巨头纷纷启动直播带货，同传统电商流量分发不同，直播更加关注转化率。同时，布局社区团购场景也是头部电商寻找激活流量的新方式。

对品牌而言，直播能带来新的流量。直播分为两种形式：第一种是他播。带货网红变身品牌代言人，裂变自身流量，不断进行商品销售。第二种是自播。企业开始培育内部员工成为主播，采用人海战术启动24小时直播，以时间换流量的方式实现平台截流。

然而随着直播带货的风靡以及对于平台流量的透支，未来直播的主场会慢慢从公域平台转变到私域流量池。无论是传统电商还是线下实体，都要把客流引流到私域流量池中不断运营。而直播成为私域内容的来源之一。

微信视频号经过一年发展，用户数量十分庞大。越来越多的品牌商家和个人开通视频号直播为微信小商店带货。视频号直播过程中，品牌商家可以介绍商品，回答买家的问题，提高用户信任。用户观看直播后，通过直播链接跳转到小程序商城完成购买。在小程序后台可以查看购买信息，这大大方便了数据统计。

相较抖音与快手，视频号直播带货还有一个非常大的优势，就是直接打造微信社群。以往快手与抖音上做得好的主播，还需要将流量引到微信中，而通过视频号可以直接在直播中添加粉丝并将其拉入微信群。

3.2 场景思维重构线下体验

数字化的商业时代，人格化显得更重要。

人格化的意思是，我们不再把数据看作字节，而是看作一个个真实的消费者，他们有自己的动机、角色、行为和需求。把人格化的力量释放到产品或者服务的体验中，可赋予场景生命力、活力，可调动产品蕴含的情感和文化，进而升华体验。

1. 场景力——情感、文化和体验

情感和关系是人与人之间产生连接的不可或缺的元素。多数时候，人们喜欢的不是产品本身，而是产品所激发的情感，以及情感浸润的体验。许多情感特质可以被转化为生产力，具有商业价值意味着具有洞察人心的力量。当我们在观看《致青春》《匆匆那年》《最好的我们》的时候，其实是在释放关于青春、爱等怀旧的情感。这样的情感一旦凝聚到一定的浓度。就会升华为文化。文化的意义在于，每一个时代，每一个圈层，只要是可以聚合在一起的小群体，他们之间就会有共同的价值观和生活方式。品牌需要这样一个引发精神共鸣的按钮，在适当的时机按下这个按钮，就会打开用户心中的故事和场景。共同的话语和信任变得越来越重要，品牌需要吸附一群气味相投的个体，把共通的属性提炼成品牌的核心价值，通过传播活动沉淀为无形资产。

2. 生活方式营销升级消费体验

如何生活、工作，为什么活着，为什么工作，这些关乎生活方式甚至世界观、价值观的问题直接定义了一个人。品牌能指导个人的消费，在个人的生活中扮演着重要的角色。买 iPhone 还是小米，不仅在表达自我态度，也是在选择一种圈层标签。移动互联网无疑深刻地影响着我们的生活方式。无论是猫眼、大众点评，还是微信，都表明了我们的生活动线，看什么电影，看电影的频率是多少，喜欢吃哪种食物，多久在外就餐一次，这些都定义了你是一个怎样的人，你的生活方式是什么。品牌商可以据此确定构建什么社群，打造什么样的亚文化。

3. 线下开店图谱：1+N 设想

有人说全渠道是要革经销商的命，尤其针对传统企业，这是在建立全渠道的过程中必然要遭遇的尴尬。全渠道引发的主要矛盾在于线上和线下销售之间的利益纠葛，线上的分流导致了经销商的不满。

"1+N"的设想主要是为了满足这样的目标：

- "1"承担品牌形象展示的作用，把体验作为首要法则，与消费者建立深刻的情感连接。以往的地标或者说是核心商圈将成为品牌体验的集中区，就像日本银座的店铺，那只是一个品牌象征，并非指向销售。
- "N"的主要职能在于销售网络的布局，社区周边、写字楼周边、商圈周边将成为物流的仓储和配送点。

3.3 天进案例连接——全渠道数字营销经典案例分享

3.3.1 欧派：全渠道加持智慧定制

欧派如何通过全渠道营销实现智慧定制的目标呢？

1. 全渠道助力大家居战略

此时，天进认为对欧派的身份描述必须能够迎合未来家居消费趋势，统领各品类业务模式，因而提出了"全屋定制"的概念，以推动欧派率先由产品定制走向家居空间定制。后来天进又进一步将其总结提炼为"智慧定制"，旨在实现"组合的和谐化，设计的人性化，技术的智能化"。

然而，现实的情况并不理想，欧派当时的经营模式难以驱动智慧定制。加之家居行业正处在运营成本不断上升、竞争日趋激烈的市场大环境中，传统模式运营已显乏力。因而必须创新经营模式。互联网＋是品牌未来升级的一个重要战略方向，因为定制家居进入门槛低，但做大的门槛很高，关键是定制模式及其背后的信息化体系，而非单纯地在第三方平台上开店引流。

竞争升级需要自建平台作为支撑。随着资本、跨界思维不断涌入，大家居生态圈呈现井喷式发展，家居市场已经从单一产品的简单销售向差异化品类组合、产品服务附加值转变，企业的角色从产品经营者转变为一体化家居解决方案提供者。企业大佬们从自有产品起步到霸占全屋空间，打的就是一场"蛋糕争夺战"，"扩大规模、抢占市场、拓展产业链"的目的显而易见。这样的竞争需要有平台作为强有力的支撑。

然而，仅是互联网＋并不完备，还要打通线上和线下。传统的家装对消费者来说体验极差，但个性化、定制化却又对服务重度依赖，这也是互联网多年难以渗透、侵蚀家装行业的原因。因此，这个行业需要线下强大的服务体系作为支撑。

综上，全渠道模式成为大家居的必然选择，也是企业迎合信息化管理硬性要求的必选项。欧派的线下实力雄厚，撑得起全渠道运营。按照这样的思路，欧派率先建立了ERP、信息化流程，从客户下单到生产，整个过程全都通过信息化进行管理。

相对其他企业来说，欧派大家居走全渠道模式具备一个重要优势——欧派拥有强大的营销终端体系。欧派在全国建立了逾3000家欧派专卖店，基本覆盖了全国所有县级市场。欧派占有近国内橱柜市场份额的1/10。其代理商在全国建立了3000多家欧派专卖店，形成强大的营销终端体系。从橱柜这一主业出发，欧派逐步形成整体橱柜、整体衣柜、整体卫浴、木门、壁纸、厨房电器等多品类的产业格局。

因而，2013年天进建议欧派布局线上线下联动的全渠道平台和智慧家居云服务中心，以自建全渠道平台商场为核心，打造手机端、台式电脑端、平板电脑端、触摸屏端等各种设备入口，立体地适应新的营销格局。它的特别之处在于把产品体验和设计服务融于一体。当消费者上网搜索橱柜、衣柜或者整体家居的时候，其可能被程序化购买引到商城，也可能从其他入口来到商城，然后选定产品风格，预约设计师到家里测量尺寸。在基本的海量设计方案之上，消费者还可以与设计师进行沟通修改。

这种模式并不适用于所有的企业，因此每个企业一定要根据各自的情况去设计全渠道模式。

2. 全渠道难题攻克

大家居战略指导下的全渠道仍面临着种种难题。

首先，设计是关键。启动"大家居战略"必然涉及不同品类的整体设计。进入大家居领域，更多要体现个性化的设计风格。制造企业的人才多在制造和市场领域，如何往设计等软实力的方向转型，是包括欧派在内的新进入者面临的最大挑战。欧派收购了一家设计公司，完成了欧派首家大家居体验店设计。此外，欧派还打造了一款供消费者在全渠道平台上使用的设计软件，可以展示逼真的效果图。

其次，"后台整合容易，前台整合难"。欧派在企业内部把橱柜、木门等事业部打通相对容易，但是橱柜、木门等不同的经销商如何整合、利益如何分配，确定这些相对较难。其实这些问题的本质是如何解决与经销商之间的利益冲突，找准电商和线下结合点。线上和线下的结合点有如下两个。

第一个是线下增长乏力，需要线上进行引流。借助平台资源引流到线下。对于某一领域内已经数一数二的企业，在增长乏力的情况下，需要电商进行推动，从线上引流是一个新的企业增长点。欧派统计过，从线上引来的流量中 80% ~ 90% 都是完全没有了解过欧派的客户，全部都是新增长客户，这种客户对企业来说非常宝贵。通过走"C2B+ 全渠道"的路线，可把线上客户引回线下，由线下代理商为客户提供服务。在这种模式下，实际销售利润还是由代理商拿走了，总部更多为代理商提供支持和扶持，代理商尝到了甜头就会有改变。

第二是线下可为线上提供完善的物流线。欧派在全国拥有 3000 多家门店，能覆盖的人群很多。物流是家居全渠道中重要的一环，覆盖面广，线上将订单分配至线下距离客户最近的经销商所开的网店上，这给经销商提供了很好的支持。因此，经销商的角色可能会发生变化，成为一个服务商。这对于一个传统家居企业来说这是非常了不起的。欧派这种全渠道体系下的销售额增长率比传统方式下的增长率要高很多。

3. 线下体验——全屋定制体验馆 + 互联网店

欧派走过 20 多年，沉淀了很多品牌资产，积聚了一定的品牌影响力和消费者的信任。以前是需要把店铺开到人气很旺的地方，借助自然流量吸引目标客户，而现在有了线上渠道，有一定影响力的品牌大可不必如从前那样对旺铺过度依赖，应该重视的是线下的服务和体验。

在全渠道战略中，欧派通过先进的设计软件和电商全渠道平台，将个性化的创意设计方案、精良的制造工艺和人性化服务结合起来，为消费者提供一体化家居解决方案。消费者通过官网商城的导购工具，根据自家的户型、面积以及喜爱的装修风格等快速、自主地进行设计，并直接在线上生成设计方案和预算。如果有订购需求，可到线下的欧派大家居旗舰店进行现场体验，看看产品的材质、工艺和实际摆放的效果，要是觉得满意，可邀请设计师上门测量，并进行全屋定制家具的效果图设计，同时提供含报价的设计方案。欧派计划在全国建立 100 ～ 150 家大家居旗舰店，覆盖三级以上市场，3000m^2 以上的大家居将展示欧派全品类（目前为七大品类），顾客可享受一站式管家服务。

相比全屋定制体验店，欧派在上海打造了一个互联网店，该店仅为欧派集团电商运营部通过网络引来的客户提供服务，客户利用碎片时间就可以在电脑或者是手机上完成下单过程。互联网店开在写字楼里面，面积为 400 ～ 600m^2，与传统开设在卖场或者家居商圈的做法截然不同。店面展示橱柜、衣柜、木门、寝具、卫浴五大品类，内部设计以客户情景体验为主。这个模式打包了设计师团队和服务团队，迎合了 80 后和 90 后等新兴主力消费群体的媒体接触和购物习惯，或许会成为欧派全渠道新的增长点。

3.3.2　招商银行：因您而变，不断创新

招商银行自 2004 年携手天进后，安全度过了金融危机，并一直践行"因您而变"的品牌信仰，创新产品、服务和营销，吸引了大批优质客户。

1. 整合点金金融平台，以零售化模式创新对公产品营销

在当时，金融危机对实体经济的影响日益显现，对中小企业和外向型企业的冲击尤为严重。振兴经济发展是时代的要求，也是招行的责任。天进提出与时俱进，以兴经济为己任，将招行品牌营销的重点转移到对实体经济有着驱动作用的批发条线。

反观招商银行批发条线，各对公业务板块相互独立，然而这势必导致资源的分散和粗放，进而让客户感到业务的复杂。唯有整合，才能全力出击。天进将点金旗下各业务板块（包括现金管理、公司融资、中小企业融资、贸易融资、国际结算等）整合成点金公司金融销售服务平台，如图3-1所示，努力打造点金公司金融品牌，在每一个品牌接触点上都为所有的利益相关者创造统一的对公品牌形象。

图 3-1　点金公司金融销售服务平台

同时，因为2009年不容乐观的经济形势，天进提出"同舟共济"方案，目的在于为不同企业所面临的具体问题，提供个性化解决方案。因为一个重要的事实是，客户真正感兴趣的是可以解决自己问题的方案，他们对产品本身并不感兴趣，B2B品牌沟通应侧重可行的和注重实效的重要功能，并且应当避免传播

太多、太复杂的细节。那么,解决方案的销售导向究竟能产生多大的实效? IBM 或许能提供一个好的答案。作为硬件制造商的 IBM,几年前曾处境尴尬,那时其不得不转变为以客户为中心的服务型企业,因而将自己定义成能提供一系列产品、服务和咨询意见的公司。此后境遇好转,它的电子商务解决方案,占到其年收入的一半。

招商银行如何实现从产品导向到解决方案导向的转型?天进建议招商银行应突破对公业务的传统 B2B 模式,以零售化模式创新对公产品营销,推出应对不同问题的金融方案,如强化企业信用风险自控的信保融资方案、为企业迅速打通资金命脉的账款融资方案、让企业从容应对波动压力的避险融资方案等。

面对复杂多变的经济环境,招商银行要应对挑战、化解风险并稳健发展,企业依托网络化金融服务实现信息化、集约化财资管理的需求比以往任何时候都显得迫切和重要。在对公业务方面,打造业内第一家网银门户 SUPER-BANK,全面整合企业的网上银行。SUPER-BANK 不仅率先提供了跨银行账户管理、交易管理、资金归集等多项标准化网上现金管理服务,还全面支持了网上企业银行 U-BANK 中 60 余项与产品功能的菜单定制服务和便利操作相关的特性,依托"一点接入、多点对接"的系统架构设计和统一了流程化管理模式,并全新设定了商业银行网上金融服务行业标准,为企业财务管理创造了更多可能。

2. 探索互联网金融新形式,打通线上线下

银行触网一个显性的原因是,目前一些年轻客户不再去柜台,喜欢在网上解决问题,为了激活这些存量客户,银行就必须发展互联网金融,走入线上,将存、贷、汇等核心业务搬上互联

网，使金融服务更加便捷。

与此同时，随着余额宝、众筹、P2P、直销银行等多样化的互联网金融形态的出现，大行纷纷探索新的互联网金融形式。在许多紧密贴近用户需求和积极解决用户痛点的新型互联网机构的挤压下，银行正不断被"后台化"和"边缘化"，甚至退化为整个金融链条的OEM商，很可能被残酷地甩在价值链末端。这意味着商业银行必须遵循互联网的生存法则，在全新的行业分工和要素分配的过程中掌握主动，顺势突围。

未来的银行零售业态将不再局限于具体的消费产业和形态，而是通过与消费形态结合的方式走入前端。对于银行而言，全渠道的零售产品渠道布局变得不可缺少，要求客户、产品和渠道统一。在产品丰富和后台支撑能力强化的基础上，银行就需要通过多样化的产品进一步提升银行客户的产品使用黏性和认知度，综合利用线上和线下两种渠道的用户需求和产品通道。

在渠道构建方面，招商银行为小微客户提供了涵盖营业网点、小微金融专业支行、远程银行等多种途径的立体化小微贷款申请渠道，客户可通过网上专区、手机银行和电话专线以及微信等多个渠道进行线上申请，不受传统银行服务时间和空间的限制，可随时随地、方便快捷地发起小微贷款申请。

1）小企业E家

招商银行小企业E家投融资平台重新启动，其本质是通过线上线下相融合的信息见证服务，实现资金供给侧和需求者间的信息对称、资金交互。截至2013年年底，该平台注册企业用户量已超过30万，并已累计发布超过60个项目，投资期限大部分为180天左右，投资门槛5万元。

小企业E家的互联网金融特征明显，发挥了招商银行网上企业银行既有优势，围绕中小企业"存、贷、汇"等基本金融需求，开发了企业在线信用评级、网贷易、惠结算、我要理财等互联网金融产品，并实现了与银行中后台信贷管理系统、客户关系管理系统等的对接，初步形成了从客户接触、跟进营销、商机发掘、产品销售到在线业务办理的全链条"全渠道"（线上到线下）经营模式。

2）招商银行微信银行

2013年，招商银行率先推出"微信银行"，其更贴近用户使用习惯。传统金融业与移动互联网的结合将国内商业银行引入了"跳跃式进化"阶段。微信银行覆盖了更广阔的服务范围，不仅可以实现借记卡账户查询、转账汇款、信用卡账单查询、信用卡还款、积分查询等卡类业务，更可以实现招行网点查询、贷款申请、办卡申请、手机充值、生活缴费、预约办理专业版和跨行资金归集等多种便捷服务。

3.3.3 红谷：生活美学体验引领时尚潮流

红谷能发展到今天的规模，尤其是在云南取得的销售战绩，"店大"和"店多"功不可没，这两个特性很好地迎合了三四线消费者选择品牌的方式。然而红谷的店面一直都开在商业步行街，不适合品牌向中高端主流时尚靠拢的进程，渠道的升级换代迫在眉睫。

商者无域，应时而变。红谷的全渠道布局要将街店升级为包包搭配仓储，同时布局官网商城和终端App，完成全渠道改造。红谷还独创了生活美学体验店，目的是增强服务，提升品牌档次。

1. 布局线上入口，打破时空限制

越来越多的女性消费者正加入网购大军，从一二线到三四

线城市大都如此。不可否认的是，触网已是红谷发展的必然。至今，从官方 B2C 商城上线，到线下店面手机 App，天进已帮助红谷完成了全渠道商业模式的全方位改造。同时，红谷的微商 1.0 系统也开始部署测试，首批微分销已经签约。红谷全渠道战略的落实，将有效打通线上和线下两端，整合线上线下的资源。全国 1000 多家实体店，实现一店一微店，线上下单，线下就近发货，让消费者不受时空限制。全渠道体系一开通，红谷的线上销量迅速得到了提升。

2. 街店升级为包包搭配仓储

天进认为，对于红谷来说，效仿主流时尚品牌入驻大型百货商城的做法十分冒险，因为要舍弃很多已经建立起来的渠道资源。红谷必须另辟蹊径。譬如，时尚巨头百丽，就走出了自己的一片天。百丽的时尚主张在于"百变所以美丽"。这其中重要的洞察在于：款式是影响购买决策的第一要素。百丽的做法在于扩充产品款式，尽可能增加消费者挑中款式的几率。而擅于开街店的还有一位强手，那就是屈臣氏。百货店凭什么让顾客为了挑选一瓶香水要在不同的柜台跑来跑去？为了能解决消费者一站式购买的需求，屈臣氏推出了集约式的化妆品专业店。

鉴于此，天进建议红谷开更大的店，将街店升级成包包搭配仓储，进而可以承载更完善的功能，陈设更多的款式。店的规模也不需要像优衣库、H&M、ZARA 那么大，但至少要比现在的店大三分之一。在店中除了提供原有的选购、休憩、保养等功能以外，还要增加一名包包搭配的顾问。与此同时，产品线需要重新规划，按照使用场合来划分，如工作、聚会等，价格可以维持在现有的 800～1500 元区间。另外区分出高端定制款，价格设定在 5000～20000 元，风格倾向于经典和高贵。还要增加产品中配饰产品的种类（包包与配饰的比例约7∶3）。其实，这种包包搭配仓储的做法，是从消费者的购物需求和体验出发，一站式、集约化，模糊掉风格的卖点，换取搭配效益的最大化。

3．独创生活美学体验店，引领时尚潮流

购物中心是中国城市化浪潮中新兴的零售业态，大有取代传统百货商场之势，是红谷必须要抓住的拓展机会，以期在改善消费者购物体验的同时，提升品牌形象。2015年，红谷独创的"生活美学体验店"于云南昆明开业，消费者可以在店里体验高端定制、DIY、高端护理、咖啡等一系列综合服务。生活美学体验店的开设是红谷体验营销的第一步，更是品牌文化传播的落地，将所倡导的生活方式具象地展现在了消费者眼前。

3.3.4　罗曼：电动牙刷的IP跨界联名之路

不同品牌之间通过跨界营销，可以产生不同文化磁场的交换及高性价比的传播效果。作为口腔护理领域的专业品牌，罗曼专注于为年轻女性解决口腔护理难题，同时以女性作为原点延伸到家庭健康场景，提供家庭口腔高效护理一站式解决方案，目标受众相对明确。

罗曼技术功底十分深厚，与飞利浦、欧乐B相比毫不逊色，但在品牌知名度上略逊一筹，同时还面临拜尔、usmile等同品类对手及网易严选、小米等跨品类对手的威胁，如何打造爆品并快速出圈成为罗曼的营销重点。在保证自身产品品质的同时，罗曼大力进行医疗、商超、网上商城等销售渠道的开拓与建设，统一执行严格的规程管理，建立起线上线下同步的多渠道营销网络。同时为应对不同市场对不同产品的需求，罗曼采取了后续各种新品的快速市场投放策略。

营销场景日益复杂，使营销结果碎片化趋势显现。这就要求品牌具备极强的资源整合能力，不仅包括线上渠道传播与线下渠道选择的能力，也包括资源整合与爆品打造的能力。其中跨界 IP 联合营销已成为一种爆品打造的有效手段，借助不同品牌文化碰撞产生的化学反应，制造爆品话题点，实现短期销售转化及用户拉新的同时，也助力品牌持续年轻化，为发展创造更多可能。

1. 联合大 IP 故宫，跨界打造"故宫文创"系列电动牙刷套装

故宫是一个拥有相当广泛认知度的国民品牌，凭借出色的内容营销，受到大众喜爱。事实上，不只快消品，越来越多其他品类商家也开始意识到"故宫"这个百年 IP 背后的深远价值。随着市场上可供选择的电动牙刷增多，消费者对电动牙刷的需求不再局限于性能，外观设计、文化价值也成为产品的增值因素。

2019 年，罗曼与故宫联合跨界推出"故宫文创"系列电动牙刷，将罗曼产品优势、特点与故宫的文化资源优势、品牌优势相融合，填补了故宫文化产品在口腔护理领域的空白。联名跨界产品的颜值是吸引消费者的第一要素，在广告营销领域中，视觉是消费者最直观，也最容易被触动的感知。

"罗曼故宫文创·智能电动牙刷"为智能电动牙刷和智能便携式冲牙器套装，礼盒包含麟出、凤鸣、皓齿永固、阊阖九天等 7 套产品，灵感均源自故宫藏品及相关的文化内涵，礼盒套装以其精美的外观"先声夺人"。跨界产品的惊喜感可以满足消费者的猎奇心理和收藏心理，让消费者对于跨界产品以及背后的品牌有更大的期待。罗曼"故宫文创"系列电动牙刷具有优越的品质性能，是兼具"时尚外观"与"科技功能"的爆款产品，不仅能

弘扬中华民族优秀文化和精神,也能助推行业的健康有序发展。

这次跨界的成功,不仅归功于故宫这一国潮 IP 自身的热度,也离不开罗曼对故宫元素的深度挖掘,以及对自身产品的多维度包装。通过对故宫 IP 文化的重新拆解与融合,罗曼不仅打造出了迎合当下年轻消费者偏好的产品,也为日后的发展提供了更多机会。

2. 罗曼联手 MISHKA:玩转潮流新品跨界营销

为迎合追求时尚潮流的年轻人,罗曼也不断地在创新和时尚情怀上做出选择,不光只是注重电动牙刷的性能科技,也开始在外观上做出调整,与一些本就注重时尚的潮牌联名。罗曼和服饰潮牌 MISHKA 联手,将 MISHKA 潮牌的经典元素"守望眼球"与罗曼电动牙刷 T10 结合,在产品设计上赋予了对艺术、文化、科技的理解,共同推出联名款潮牌电动牙刷,打造出了令时尚潮人倾心的爆款,如图 3-2 所示。

图 3-2 罗曼与 MISHKA 联名款

3. 深度联名丁香医生,共同守护国民口腔健康

纵观整个营销现状,天进发现大多数联名都只停留在品牌形

象、元素的相互借用上，基于专业内容展开的合作并不多见。洞察到了这一可发力点，天进建议罗曼选择与自身专业度契合的丁香医生，进行更深度的联名。深耕口腔护理领域多年的罗曼，借助丁香医生专业的科普能力，帮助年轻女性科学解决口腔的护理难题。

针对女性用户，罗曼与丁香医生推出联名款洁牙器，定位"掌上洁牙刷"，口号是"轻松给牙齿做 SPA"。外观设计上结合丁香医生 IP 值得信赖的科普专业形象，整个包装和冲牙器主体都采用了丁香医生标志性紫色，同时使用爱牙实验室为主题构思包装，突出"有温度·有知识·有态度"主题。外包装为丁香紫色的圆柱形，包装里面包含 4 种功能的喷嘴、插画风格说明书、充电器、收纳袋。冲牙器大小和 iPhone 11 差不多，体积小巧的好处在于便携。

4. 借助"熊出没"影响力，打造小朋友最爱的电动牙刷

跨界的终极目的是为了凝聚更多的用户，将合作方手上的资源转化成自身的用户资源。所以品牌在合作前，一定要明确品牌及产品的定位，确保双方合作后能够产生积极正面的品牌联想，这样的品牌联合才能取得意想不到的传播效果，从而保证更高的转化率。

针对小朋友，罗曼推出熊出没联名电动牙刷。调研发现，三观契合、目标用户有较多相似特征的两个品牌，不但能在跨界营销中保持各自的特质，更能因为对方的存在而拓展至更多品类场景，尝试出更多可能性，发展得更为立体丰富。共通的品牌形象和用户市场，是营造跨界联合双方 CP 感的核心。

选择当下大火的"熊出没"IP，在符合基本要求的基础上实现了品牌创新，所以一经推出便大获成功，这也是意料之中的事情。

联名的好处除了借助高知名度 IP 的影响力，更重要的是帮助消费者更好地理解产品内涵，赋予品牌不同的个性，使它变得独一无二。

3.3.5　王老吉：线下概念店，探索新式茶饮市场

"酒香不怕巷子深"的时代一去不复返，快消品如何突破瓶颈快速增销？以广告拉动销售成效十分微小。当多个品牌同时投广告，比的是谁更有钱，声量更大。王老吉意识到，从用户需求出发创新无界零售模式，才能弯道超车立足于市场。2015 年王老吉"超吉+"战略发布，形成以凉茶消费为基础，以用户体验为核心，以参与性互动及定制化服务为支撑的超级生态圈。

这个生态圈的第一层含义是"产品就是超级媒介"。王老吉每年卖出 60 亿罐，这意味着至少 60 亿次曝光，瓶身成为超级媒介。

第二层含义是超级入口、超级平台：以王老吉罐身条形码为入口，以每年 60 亿罐消费为流量基础，打造互动和服务平台。这个平台连接电商入口、内容通道和互动服务三部分，可满足用户电商购买、美食分享、吐槽交流、游戏互动、定制化服务等需求。

第三层含义是超级联盟："超吉+"平台融合了微信、支付宝、京东、苏宁易购、优酷、爱奇艺等合作伙伴的服务，为用户提供多种增值服务。

王老吉不只是一个凉茶品牌，还是一个大数据平台。基于每年超过 10 亿人次的庞大消费者群体，王老吉建立了凉茶大数据中心。未来王老吉将打通全国 600 万个线下终端——1828 王老吉，重构消费者沟通模式，打造一个线上线下超级生态圈。

第4章 Chapter 4

视觉锤：打造独特视觉识别体系，嫁接品牌联想

视觉主导的时代，我们集体用眼睛感受世界。

这点在社交网络的世界甚为明显，最明显的是入圈（微信朋友圈、微博、Instagram 等）的洗礼——晒图之前都要经过 Photoshop、滤镜等工具的轮番打磨。直接晒出照片会被视为漠视社交规则。同时，这样的线上规则也左右着线下世界的运行，以致衍生出这样的餐前礼仪——动筷之前要先等大家集体用手机"消毒"。

在以往供不应求的时代，消费者对于产品的需求是品质先行。但是伴随时代的发展，机械化的生产给经济注入了大量活力，市场逐渐出现供大于求的情况，产品同质化现象越来越严重。消费者对于附加值（品牌、产地、设计等）的考量在增加，产品给人带来的视觉体验权重在增加，视觉体验甚至变成了主要的考虑要素。

比起语言，人类更擅长通过图像进行识别和记忆。而视觉是我们感知外界物体大小、明暗、颜色、动静等信息的重要渠道，它承担着人类80%的信息来源。1973年，心理学教授Lionel Standing做了一项研究，他请研究对象在五天之内看了1万张图片，每张图片5秒，之后向研究对象展示成组的图片（1张是见过的，1张是没有见过的）。研究发现，人们能记住之前看到过的70%的图片。如果将实验素材换成1万句广告口号，人们能记住多少？换句话说，人类天生重视视觉。相比文字和声音，图像因承载情感而更易于辨识和记忆。当我们回忆往事时，各种难忘的场景会在脑子里重现，彼时的情感也会回荡在心中。

4.1 品牌是视觉设计的支点

对于品牌来说，视觉的影响力不言而喻。消费者往往先看脸再走心，而品牌想要走进受众的心里就必须先走进受众的眼里。

看对眼才更容易走心，走心也就是进入消费者心智。人的大脑由左半脑和右半脑两个部分组成：左半脑处理连续的信息，它用语言思考，是线性、系统性地工作的；右半脑处理平行的信息，它用意象思考，"看"全局。消费品也有两个"半脑"，一个负责语言，一个负责视觉。品牌定位规划的目的是把一个字眼或语言概念植入消费者心智中，不光要依靠文字，还要依靠具有情感诉求的图像。图像会引起右半脑的注意，右半脑会向左半脑传递信息，令左半脑去读或听与这个图像相关的语言文字，从而强化品牌的语言定位。

视觉上的创造与改变，都必须基于品牌战略进行，以真正有利于商业竞争。品牌的视觉导出需要基于以下几点做出相应调整。

- 定位：品牌定位是重要的品牌战略决策之一，同时也涉及品牌的再定位，譬如因拓展业务而要求在某些方面进行相应调整。
- 时尚化：任何一家公司都希望自己的品牌紧跟时代的步伐，以免在竞争中落伍。时尚化可以带来不少好处：更新鲜、更符合现代审美的视觉效果，更具操作性的设计，将向顾客传递现代、符合潮流的品牌调性。
- 促进增长：或许一家公司正处于从畏首畏尾的襁褓期转向全面发展的强势阶段，自然需要强势的品牌形象来支撑。
- 建立新品牌：有时一个老品牌已成明日黄花，不值得再去包装。一个全新品牌意味着一个新的起点，一个改头换面的良机。

4.2 构建品牌视觉表达力

视觉也是语言，传达信息是主要功能，所以好的品牌视觉输出应当具有很强的表达力。衡量表达力需要做到以下几点。

（1）**清晰**。清晰是信息的基本品质。如果信息的内容很重要，但形式很难被人理解，其品质也不能算好。视觉传达的要领之一就是要对信息进行整理，让信息明了易懂。

（2）**具有独特的可识别性**。品牌必须有独特而明显的核心元素，能使自己区别于竞争对手，吸引消费者的目光，在消费者脑海中留下深刻的印象。

（3）**易产生联想**。品牌的视觉不仅要便于记忆与识别，还要具备鲜明的意义联想，让人们可以寄托自己的各种期待。传达并不是单向发出信息,而是意义的交互。信息本身(包括图像、声音、气味等)反而应当像一个空无一物的容器,为信息的接收者留出想象空间,他们所给出的意义填充和容器共同完成信息传达。

经过长久的传播,品牌可以达到形神合一的境界,也就是说消费者一看到品牌的外在形象就可以联想到产品以及品牌的内在精神,比如王老吉的包装盒上大大的"吉"字、红罐、财神爷、"1828 王老吉"葫芦和楷书体是其品牌的有效切入点,容易引起消费者的群体文化共鸣,如图 4-1 所示。

图 4-1 王老吉视觉锤

(4)**有冲击力**。冲击力是品牌在视觉表现上不可或缺的。如果品牌进入某个品类比较早,就能通过抢占某个特定的颜色建立其声誉。图形的对称、对比、重复等也是加大冲击力的有效手段。

视觉策略旨在为品牌进行全方位的视觉包装,实现其传播的战略价值,所包含的视觉形象并不局限于品牌商标或 Logo,还包含主画面创意、VI 设计、产品和包装、代言人和品牌 IP 四个维度。

4.2.1 主画面创意

根据品牌定位及广告语，品牌可展开主视觉画面创意。在整个巧克力品类都以爱情为广告主题时，德芙抢先占据巧克力品类的第一属性——丝滑。丝滑是一种味觉体验，那么怎么通过视觉传达使消费者感知到丝滑？它选用了一块褐色的丝绸作为象征物体，在电视动态画面和杂志静态画面上，利用丝绸的柔美动态，充分展示巧克力在舌尖上的丝滑感受。

其实德芙同多数品牌一样，所采用的是一种常见的视觉创意手段——意义的嫁接。人们会根据记忆在脑海中再现各种形象。比如看到自由女神像会联想到美国，看到富士山会联想到日本。品牌应该借鉴这样的经验集合，从中挖掘出可以利用的无形资产。

例如，无印良品MUJI倡导"世界合理价值"这样一个价值观。广告"虚无"（EMPTINESS）就是将这一原本抽象的原理影像化：白色的大地和天空相接，人立于地平线上显得非常渺小。景象单纯却深刻表现出人与自然之间的关系。

意义的嫁接不仅仅是寻找象征物，还可能涉及其他可以为品牌背书的事物，比如品牌的原产地。原产地标签不但左右着消费者对产品品质、格调的感知，还决定了他们会花多少钱为这样的感觉买单，这样的现象被称为原产地效应。

4.2.2 VI设计

视觉识别（Visual Identity，VI）是以企业标志、标准字体、标准色彩为核心展开的完整而系统的视觉传达体系，是将企业理念、文化特质、服务内容、企业规范等抽象语义转换为具体符号，塑造出独特的企业形象。包括Logo在内的品牌VI系统，对

第 4 章 视觉锤：打造独特视觉识别体系，嫁接品牌联想

品牌形象的塑造起着至关重要的作用。好的 VI 设计会引发消费者对品牌特质的联想。

多彩贵州的前身是一支歌舞队，所以多彩贵州的 Logo 设计是一个跳舞的人形造型。2010 年天进助力多彩贵州全面升级视觉形象，保持原有跳舞造型不变，但加粗笔画，增强力量感，使其更加易于传播。同时从原有的开放式构图升级为半封闭式构图，增强画面的整体性。另外，整个 Logo 采取蜡染工艺，品牌色由原有单调的鲜红色升级为贵州当地特色的五种常用色，同时把英文名"Colorful Guizhou"放在整个 Logo 中（见图 4-2），展现出浓郁贵州风情的同时，也塑造了高大上的国际范，助力多彩贵州从中国走向世界。

图 4-2　多彩贵州 Logo

貌似简单的 Logo 其实暗含深意，形态是吸引力的根本。先以简单的点来举例。点是构成线、面的基本要素。但是点的大小、形状、位置、距离的差异会造成不同的感觉。单个的点可以聚焦消费者的注意力（比如眼睛形状的 Logo，如图 4-3 所示）。多点按规则形状排列会给人理性、中规中矩的感觉，若随机排列则会显得比较有动感和亲和力。

图 4-3　Logo 设计中点的排列

线主要分为规则的线和随意自由的线。线有弧度，可以像歌声一样抑扬顿挫；线有硬度，可以像人一样刚柔并济；线是有性格和感情的，直线代表刚强、理性、忠诚，曲线代表柔软、感性、变化。比如多彩贵州的辅助图形，五彩重复结构的灵感来源于贵州民族服饰的几何纹样，配合五种常用色，展示多彩贵州的魅力，如图4-4所示。

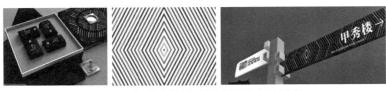

图4-4　多彩贵州辅助图形设计中的线条

值得一提的是，当前及未来流行的趋势是"扁平化"，减少衬线及光影的效果。比如天进为联塑进行品牌战略规划的同时，也全面升级联塑的视觉设计。联塑原有的Logo是管道斜放及横排的场景，太具象且缺乏国际范。同时由于联塑业务领域开始拓展，由原有管道延伸到建材领域，但联塑的塑料感和工业用品联想过于强烈，不适合用于现有的品牌。于是天进为联塑设计了全新的Logo（见图4-5），淡化塑料和工业化气息，增强创新、时尚、亲和的调性，同时领尚和联塑共享英文名字LESSO，彻底扭转了联塑低档的品牌印象。新标志同时在全球100多个国家注册，推动联塑国际化升级。

图4-5　联塑Logo的扁平化设计

面可以分为由点和线构成的面与不由点和线构成的面。由面积较大的点和宽度较大的线条组成的面可以给人带来舒适、正面的联想，由密集的小点和细密的线条组成的面可以给人带来紧张、负面的联想。面可以分为形状规则的面和随意的面，形状规则的面给人理性、规矩的感觉，随意的面给人随性、舒缓的感觉。图 4-6 所示是欧派 Logo 设计中的面。

图 4-6　欧派 Logo 设计中的面

Logo 的形状也会影响消费者对品牌属性的判断。比如，圆形 Logo 给人以柔软的联想，棱角突出则会给人以坚硬的感觉。这种联想不仅限于品牌的物理属性与功能层面，如果看到标志后脑海中产生柔软的意念，这个人也会认为这家广告公司对顾客需求的响应是周全和彬彬有礼的。在一项研究中，研究人员发现，把不同形状的 Logo 印在同一款运动鞋上，消费者对这款运动鞋的判断是不一样的，如图 4-7 所示。运动鞋品牌的 Logo 若是圆形的，会给消费者以舒适的判断；如果是带有棱角的，消费者会觉得它比较耐穿。

图 4-7　Logo 形状对于认知的影响

很多时候，Logo 的设计需要兼顾不同的感觉，因而需要做出适当的调整。Airbnb 的图标是典型代表，作为一家连接旅游者和出租空房的房主的服务型网站，Airbnb 的图标（见图 4-8）既要给用户一种稳定感，博取信任，又要传达出这种共享服务的独特新颖，即酒店住宿的刺激和充满乐趣的体验。A 的形状本身是一个三角形，象征着稳定，但是为了给这个图标增加动感和活力，因而采用了柔滑的曲线将三角形磨圆，意味着旅行中活力无限、精彩无限。

图 4-8　Airbnb 标志

扁平化是近年来流行的视觉设计趋势，尤其是在移动端的应用。许多企业的视觉锤设计都在往扁平化方向发展。扁平化的核心是"极简主义"，极简主义最突出的特征就是放弃装饰，去除字体的衬线、阴影、透视、纹理、渐变、3D 效果等。现在的消费者每天都要接受很多信息，这样的设计是基于人性化的考虑。各个品牌入驻移动端，所有的品牌都缩成了微信里的一个小图标，越简单的视觉设计，越能让消费者快速地集中注意力观看，越有利于消费者记住这个品牌。

近年来，为了顺应扁平化的趋势，各大品牌都在为自己的 Logo 做减法。然而一味的扁平化可能出现这样的问题：一些品牌由于自身的特色在消费者或者用户心中留下了比较深刻的印象，扁平化反而会失去对消费者的吸引力。不同的品牌需要有实际的考虑，这一点尤其需要注意。

Logo 设计的另一个明显趋势是国际化。随着跨国贸易往来越来越频繁，很多中国企业开始走出国门，因此许多企业开始思考如何将自己的品牌打造得更加国际化，在吸引国内消费者的同时也能吸引国外消费者。国际化的最重要元素在于视觉锤的形状、颜色和色系。首先是形状。形状上最好抽象、简单，不要有过多的装饰，这一点类似于扁平化。这是国际上许多大品牌的做法。以联塑为例，随着联塑集团的泛家居领域扩张，以及国际业务的展开，既有标志已难以胜任集团形象的表达。天进通过更换英文拼写，简化 Logo 设计，重新帮助联塑树立起简约、时尚、现代、国际化的品牌形象。

4.2.3 产品和包装

产品视觉元素的开发十分重要，不少产品正是由于独特的风格而为人们所熟知，如雀巢咖啡醒目的红色马克杯。咖啡品牌的促销手段多是降低价格、搭赠产品、赠送和产品无关的小礼品，而雀巢在热门促销阶段赠送的是一个红色陶瓷咖啡杯，长年累月，基本使中国白领中的咖啡爱好者人手一杯。但是在商品种类越来越多样化的时代，消费者越来越追求与众不同的物品。要想在产品外观上吸引人，最好别出心裁。比如图 4-9 所示的雨伞形状的茶漏、"宇航员"手机放置座、伊丽莎白茶包等。

图 4-9 独特的产品形态

包装本身承载着信息，独特的包装可以让消费者在同类产品中一眼识别出你的产品，产生有趣或者美好的品牌联想，提升购买率。独特的包装形态以及经典元素在包装上的运用，可以强化消费者对品牌的记忆。

包装与品牌定位策略一脉相承。红牛创造并主导了能量饮料这一新品类，怪物（Monster）与红牛相似，也主打能量，但差异在于，怪物的定位是更有个性和寻求冒险、刺激的运动人群，因而它赞助或冠名了多项契合其品牌个性的体育运动。在包装上，怪物采用了16盎司（约为437毫升）的大罐子配以M形状爪印，简洁有效地传递了"力量"和"危险"核心信息，如图4-10所示。

图 4-10　Monster 包装

定制化的包装不仅可以迎合消费者个性化的需求，还可以以此为噱头进行一场营销活动。奥利奥曾推出"奥利奥缤纷填色装"，消费者可以根据自己的喜好，在 PC 端或移动端对奥利奥的外包装进行绘制，然后为奥利奥定个主题，最后写点"甜言"，输入自己想说的话放在标签里，这样专属奥利奥包装盒就做好了。这样做的好处在于让用户介入产品的包装生产中，迎合了"个性化定制"的趋势，更能引起消费者的兴趣，提升购买率。企业在打造产品时，要善于利用新媒体和消费者互动，让消费者根据自己的喜好来设计产品包装，让他们觉得"这个包装只属于我"，这样他们的购买意愿会更强烈。

4.2.4 代言人和品牌IP

代言人不能一成不变，而是应该根据消费者在不同阶段的喜好变化做出改变，代言人的选择要能赢得新一代消费者的认可。以欧派为例，欧派从2005年起选择蒋雯丽作为品牌形象代言人。但是，在将目标消费者锁定为80后、90后之后，就必须时时关注这群目标消费者的喜好变化。这群年轻消费者追求时尚，因此新时期的欧派一定要向时尚转型。在新的广告中，蒋雯丽从居家好太太变身为优雅靓丽的女主人。2014年，天进通过调研发现，蒋雯丽的匹配度正在下降，而孙俪成为呼声最高的欧派代言人。于是，天进推动欧派更换孙俪为代言人。

当生产同一产品的不同品牌都采用同一种形像的代言人的时候，一个品牌想要突出自己的品牌形象，不妨另辟蹊径采用另外一种策略，也许会有出其不意的效果。

一个恰当的代言人可以帮助品牌快速提升知名度，增强实力感，建立品牌认知和品牌信任。在家居领域使用代言人早已司空见惯，尤其是寝具，大多是靓丽美女。而慕思的代言人策略却独具匠心——一位精神矍铄的法国老人，在品牌形象展示中有独特位置。他睿智的眼神、专业的姿态、从容的气质，更能引起高端消费者的情感共鸣。天进结合慕思先前的品牌积累，系统地规划了慕思品牌信息传递的次序。经过梳理，在各视觉画面中，以慕思老人为主体，配合大面积黑白色调、简洁大气的产品，文字信息以"慕思睡眠系统，健康睡眠"及系列名称为主，重点突出慕思的品牌名称，以最大化地实现品牌与消费者的沟通。

因为人们对动物的熟悉和喜爱，它们常常成为非常有效的视觉锤。比如京东的狗、天猫的猫、苏宁的狮子、腾讯的企鹅（见图4-11），每个品牌都有自己的代表性吉祥物，这只吉祥物的性格就代表企业的性格。但切记不可同时使用多个动物，这会导致品牌定位模糊。

图 4-11　企业品牌 IP

4.3　天进案例连接——品牌打造经典案例分享

4.3.1　欧派：激活年轻时尚品牌新形象

消费者总会老去，品牌总要不断寻觅更年轻的消费者，并俘获他们的心。"年轻化"和与时俱进的"时尚感"是每个品牌必经的品牌升级之路。

欧派多年的成功经营已经塑造了深入人心的品牌形象，然而这种形象越来越表现出与年轻消费市场的"不合拍"，面临着品牌形象老化的风险。新主力消费群体崛起，他们是80后、90后的时尚一族。无论生活形态和价值观，还是消费方式和审美风格，都与曾经作为主体市场的60后、70后人群有着明显的不同。那么，如何紧跟时代步伐，激活欧派的品牌新形象？

1. VI 优化升级:助力品牌高端化

2011年,欧派升级品牌 VI,新 VI 设计更显国际化,简洁大气,整体调性时尚又不失温暖。相比旧版标识,新标识在继承原有中文字书法体与橙色元素的同时,将英文字体部分进行了较大幅度的调整,首先是在英文名称上做了较大的改动,由"optima"调整为"OPPEIN",以橙衬黑,通过较简洁的方式对其做了强调,体现品牌国际化,向消费者传递欧派品质实力与精湛技艺的品牌联想。

2. 代言人:蒋雯丽的重新包装,孙俪的完美接棒

欧派从2005年开始,聘请蒋雯丽作为品牌代言人,合同到期后,欧派对是否与其续约产生了顾虑。从前期代言效果看,这个代言的策略是成功的。蒋雯丽居家的形象与欧派的品牌形象很契合,而且蒋雯丽事业的稳步发展也给欧派的品牌资产带来了一定收益。欧派继续聘请蒋雯丽作为代言人并无不妥。

不过,品牌形象要随着时代的发展不断更新,代言人形象同样如此。蒋雯丽的演艺角色让她的总体形象偏向"家常"。而新时期的欧派要向时尚转型才能够赢得更多认可。于是天进建议,蒋雯丽做代言人可以保留,但是一定要进行时尚化的重新包装,才能符合品牌的整体定位和调性。

在新的 TVC 中,蒋雯丽从居家好太太变身为优雅靓丽的女主人,在欧派现代化厨房中轻快起舞,这一转型获得了消费者的认可,欧派也成功完成了新时期的品牌形象升级。

2014年,在蒋雯丽聘期将要结束时,天进开始推动欧派代言人更换工作。配合2013年天进调研的品牌感知情况及"智慧

定制"的新策略,现代、时尚感是欧派品牌形象的短板。为了能够挑选到大众喜爱的合适人选,天进对新的候选代言人进行了测试。调研结果发现,蒋雯丽的匹配度正在下降。蒋雯丽在中老年人群中认同度较高,将近50%,而在年轻群体中只有25%左右的认同度。孙俪在年轻群体中较受欢迎,在20～25岁的群体中认同度高达23.2%,超过蒋雯丽7个百分点,成为呼声最高的新代言人选。2015年5月,欧派集团正式宣布启用孙俪为新代言人。

4.3.2 慕思:另辟蹊径的代言人策略

在中国寝具市场上,同质化的品牌定位与形象打造是行业之痛。

如今的消费者已经变得更加感性,品牌所独有的价值、品味和情怀往往更能打动他们。那么,慕思如何在一片同质化之中别出心裁地戳中消费者的需求痛点,并且通过视觉这把有力的"锤子",让品牌拥有立体的、差异化的、极具魅力的品牌形象,从而在消费者心智中更深刻地烙下慕思的品牌印记呢?

1. 代言人,品牌人格具象化

纵观整个寝具行业,舒适、奢华是普遍的定位诉求,而美女则是品牌传播中的主角。不同于业内竞争者,慕思开创性地将"健康"作为自己的核心价值诉求,以专业的健康睡眠顾问身份直面消费者。但健康和专业对消费者而言也具有一定的抽象性和信任上的不确定性。那么,是否可以通过提炼核心元素为慕思打造一个经典的、令人信服的形象?

要想传递出品牌个性化的形象，使用代言人为品牌投射"人格化"的气质，往往能起到比较好的效果。所以，打造慕思的品牌形象，应该将代言人作为核心的视觉标识。但人物的选择需要考虑的因素很多，包括年龄、性别、国别、身份、气质等。更具体一点，人物在画面中的穿着打扮、神态举止等都会影响消费者对人物形象的感觉和判断，进而影响到对品牌形象的认知。

通过梳理慕思品牌信息传递的次序，我们发现，"专业"是慕思的品牌诉求，"健康"是品牌定位中的重要维度。同时，慕思产品的原材料国际进口、制作工艺专业前沿，因此优质、高端、国际化也是慕思必备的品牌调性。

所以，天进认为代言人的形象一定要专业、干练、健康，第一眼就给人信赖感，同时最好有国际化的身份特征。

2."慕思老人"，专业的健康睡眠顾问形象

经过梳理，我们最终将慕思的代言人选定为一位法国老人，如图 2-6 所示。

有别于行业内惯用的美女代言模式，慕思选择男性形象来颠覆家具行业妩媚、性感的传播风格，彰显慕思品牌的成熟、稳重和大气；选择老人，是希望通过年龄所承载的阅历与资质，突显慕思的专业和资历，给消费者一种信赖感；选择法国这个国别身份，则是直接展现慕思品牌的国际化风范。

经过对细节的雕琢，最终代言人的形象立体起来：一位精神矍铄的法国老人，身穿干净利落、简约大方的白色衬衫，戴着圆框眼镜却挡不住深邃、洞察一切的眼神。他左手稳稳地托着一

支烟斗,眼睛直视前方,镇定,泰然,一副凝神观察和思索的神态。再配以大面积黑色背景的氛围烘托,让整个人物形象更加突出,又增强了画面中主人公深思、注目时的沉静而专注的"时空感",使整个作品显得简洁大气。

文字部分,表述简练,色彩以白、金互衬,并对法文名称用缩写的、音符化的 d 和 R 两个字母进行艺术化处理,形成艺术气息浓厚的"插画"效果,透出欧洲高端品牌的艺术范儿。

3. 专属的形象标识,深刻的品牌认知

如今,说起高端寝具品牌,消费者首先回忆起来的几个品牌当中一定会有慕思。说起"健康睡眠"或者类似的定位诉求,慕思在消费者心中更是享有独一无二的开创者和专家的形象认知。

而一说起慕思,消费者心中最鲜明的印象就是经典的"慕思老人"。慕思品牌就是那个睿智、专注的老人,一看到这个"慕思老人"也自然而然地联想到慕思。这就是视觉力,它就像一把锤子,能够把抽象、文字化的品牌定位进行形象、直观的呈现,让消费者更容易理解和记忆品牌的特征,将品牌的核心价值形象化,并深深植根于脑海之中。

第5章 Chapter 5

全链路传播：整合传播资源，撬动目标市场

商业策略、品牌定位以及视觉策略都像是品牌塑造的发酵环节，需要在企业内部达成共识。这像是一场"预谋"——企图征服消费者和市场的"预谋"。而传播才是策略落地的开端。要玩转传播，本质上是抓住3个关键要素——企业、受众、媒介，厘清这三者之间的关系是大前提，大前提的设定将会影响传播策略制定的有效性。

5.1 媒体与品牌

在信息媒体垄断的时代，媒体巨舰就是咨询的过滤器和出口，它们输出的信息对于大众来说就像是食物一样。大众依赖信息，渴求被信息喂养。而在互联网时代，信息过剩，既定的游戏规则被颠覆了。大众媒体地位在衰落，用户已经进化了，以往的以媒介为中心转向以用户为中心，每天有大量的UGC（User Generated Content，用户原创内容）产生。媒体数量井喷式增加，自媒体、小众且个性化的媒体的地位快速提升。

对于品牌主、营销传播从业人员来说，一个残酷的事实是，以往搞定电视、报纸的那一套在网络上已很难奏效。曾经依赖广告获得的效果在不断减弱；渠道越多，传播资源越匮乏，传播越无力；哪怕竭力推的策划活动，消费者也视而不见；当年运营不好微博，如今在微信公众号和服务号上同样一筹莫展。某种程度上，在这个圈子里，年长的经验丰富的人和初出茅庐的年轻人处于同一条起跑线上了，一起探究引爆网络的方法。

从电视端、PC端到移动端，许多传播策略需要重新梳理。当我们在使用社交媒体时，60%的时间都花在了移动端，40%的网络购物是在手机上进行的。手机因为可移动性、便携性，被视为一种有体温的媒体。品牌主的信息可以在任意碎片化的时间通过手机推送到目标受众眼前。手机能标记用户的位置属性，进而产生场景关联性，比如搜索、导航、打车等，这使得品牌信息的推送更加及时精准。然而，更小的界面局限了品牌信息的展示空间，快、准、狠的传播对企业传播计划的制定、视觉的表现、运营人员的素质提出了更高要求。

移动互联网确实改变了品牌传递信息的方式和受众接受信息的方式。但这只是其一，它还产生了更深刻的变化，长远来看，这或许是企业更应该把握的机会。

1. 碎片化是市场和传媒的常态

消费市场的碎片化给广告主精准抵达目标消费群体带来了巨大困难。对品牌而言，传统媒体的覆盖度大的优势越来越弱，反而是小众的、个性化媒体能帮助企业快速、准确地抵达目标消费群。其中，值得关注的是，非主流市场可能比主流市场还要大。依照克里斯·安德森的"长尾理论"，传统的主流市场就好比一个坚硬的头部，而海量的、零散而无序的个性化需求则形成了一条长而细的尾巴，如图 5-1 所示。主流市场看似庞大，但如果将长尾上的个性化需求累加起来，就会形成一个比主流还要大的市场。

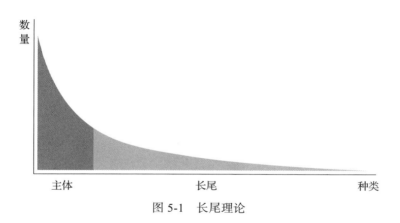

图 5-1　长尾理论

2. 品牌、媒体、渠道的融合

移动互联网时代的一个重要特征是融合，传播和销售的边界在模糊，媒介和渠道被捆绑得越来越紧密，品牌媒体化、媒体电商化的现象越来越明显。这使得整个信息传播系统的变现和销售潜力大大增加：内容即生产力，流量即渠道。

以前传播的形式是这样的：品牌通过媒体和渠道分别传递品牌、产品和服务的信息，物、信息以及资金的流动都由媒体和中间商作为中介。而当移动互联网介入后，最显著的变化是：品牌商和用户不再是间接联系，而是直接对话。品牌商的角色不再纯粹，借助社交媒体和电商，裂变出媒体和渠道的功能，进而可以打通生产、传播和销售各环节。

举个例子，以往购物决策和行为是这样的，消费者首先产生需求，于是去线下实体店挑选、购买商品。而现在，品牌通过企业的公众号或者社交网络上的KOL（Key Opinion Leader，关键意见领袖）向你推送品牌信息。用户蹲厕所的时候、等电梯的时候，无聊或者尴尬的时候、参加无意义的会议的时候，会看手机，若看到一个好标题则会进去阅读，若对其中推的产品刚好有需求就可以直接购买。事实上，你的需求是在这个过程中被激发出来的，并不是一开始就有，你的购买决策和行为也被潜移默化地左右着。

媒体和渠道商的角色也变得不纯粹了，也在积极裂变身份。对媒体而言，它去做电商具有天然的优势，因为它既是流量入口，又是内容的制造者。《瑞丽》旗下瑞丽女性网以及《米娜》杂志的官方商城久尚网都是时尚媒体试水电商的例证。电商 ELLESHOP 的很大部分流量来自母公司旗下时尚杂志《ELLE 世界时装之苑》。美丽说和蘑菇街也是从社区型女性时尚媒体平台做起，并最终转型为女性垂直电商平台的。对于电商而言，要兼容媒体功能也不是一件难事。Net-a-Porter 推出 *The EDIT* 杂志，希望通过媒体让产品更具吸引力，让购买更具指导性，以增强用户购买欲望。传播路径的变革示意如图 5-2 所示。

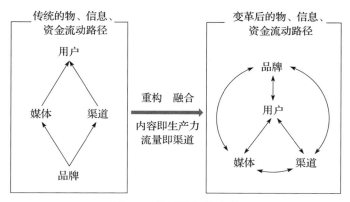

图 5-2 传播路径的变革

5.2 社会化营销的正确打开方式

微博和微信是企业扮演媒体角色时常用的平台，也是硝烟四起的社会化营销阵地。社交媒体是最天然、最主要的"注意力入口"，作为月活跃用户过亿的头部社交平台，微博、微信能够以最自然的方式契合进消费者的生活场景与消费情境，帮助企业洞悉消费者需求，开展个性化的、品效合一的营销传播。

然而，微信和微博两个社交入口具有不同特性，它们的营销基因天然不同，产品理念也相去甚远。这就要求品牌主和代理商在应用这两款工具时应遵循不同的传播规律。微博是海量信息的入口，而微信更像是信息的过滤网；微博倾力打造完整成熟的营销阵营，微信则更纯粹和开放，倡导"连接生活，连接一切"；微博能够有效地为品牌发声，而在微信上可凭借内容与服务深耕品牌。

比之于传统传播形态，通过微信、微博传播，让我们对用户的了解不再模糊，我们可以借助数据勾勒出一个相对精准的用户画像。衡量用户画像是否精准，首要依据是对目标用户在哪里判断是否准确。在用户画像精准的前提下可以实现定制化、个性化信息推送，这可以在很大程度上节约传播资源。移动营销平台Leanplum 调查发现，企业投入大量时间和精力促使消费者安装应用，推送通知是一种重要手段，但它的平均打开率仅为 1.5%。如果在内容方面增加个性化信息，如消费者的名字、性别、消费行为等，那么推送通知打开率可以提高 4 倍。

不得不承认，目前的精准营销有些力不从心，主要原因就是洞察和数据的缺乏。电子邮件地址、姓名、居住地址等人口统计属性的数据是基础性数据，这类数据比较丰富，但是像定位数据、生活方式细节和消费心理等高级数据却普遍匮乏。全球 80% 受访的营销人员表示，除了人口统计属性和购物历史等基础数据外，他们对消费者一无所知。同时，96% 受访的营销人员表示，针对消费者建立单独综合洞察对他们来说是个挑战。另有调查也显示，60% 受访的营销人员表示由于数据和资料过于分散，不能按照希望的那样定制个性化消费体验。

5.2.1　微博：事件营销，打造品牌热搜体

对用户来说，微博是兼具社交与资讯双重属性的社交平台。用户之间的连接是基于兴趣和开放关系产生的，因而可以被界定为弱关系。在微博这样一个开放的信息广场上，用户可以发表个人的感慨与心情，探讨具有共性的话题和热点，信息每时每刻在不同个人之间流动，随时都有引爆的可能。2021 年 3 月 30 日晚小米发布会后，"小米换 Logo" 话题登上热搜。2021 年 4 月 6 日，雷军在直播间回应小米换 Logo 的新闻再次登上微博热搜。

当大家还在谈论小米花 200 万换 Logo 值不值的时候，小米已经完成两个阅读量分别超 2.7 亿、8950 万的重磅话题任务。

为什么一定要让自己的品牌上热搜？热搜在品牌营销中扮演着什么角色？品牌如何在微博上成就营销价值？《热搜：搜索排名营销大揭秘》给出了答案：95% 的人都没有耐心点击下一页查看更多的内容，所以挤进搜索结果首页，才算站在了起跑线上。这是人性使然。微博作为社媒鼻祖，拥有 2 亿多日活用户，2020 年的热搜词条总共约有 35901 条，无疑是社会记忆最全的媒介载体。然而据知微数据统计，2020 年全年企业相关热搜上榜数量只有 2673 个。按此计算，每天只有 7.3 个企业热搜位。上千家公司的 CMO 都在盯着"微博热搜"这块儿肥肉。

要想登上微博热搜，除了借助微博的天然流量和人为流量外，还要通过事件营销打造全民关注的话题，来扩大传播范围。小米、杜蕾斯等企业都擅长策划事件营销，擅长将高点击量、讨论量和搜索量的话题发酵成"现象级"热搜，进而让用户对品牌产生兴趣，甚至牢牢记住品牌。

5.2.2 微信：强关系媒介，利于深度品牌管理

相比微博，通过微信打造品牌时更加自主、柔和。不同于微博的涟漪式传播，微信以朋友圈为主要平台的传播是直线式、渗透式的。具体而言，微信的商业化系统有三层架构：第一层是社交平台，聚集了海量用户，这是商业化的基底；第二层是开放公众平台，连接了所有主体（服务和内容提供方）；第三层是业务，包括游戏、支付、广告、全渠道、企业、硬件等，这是商业化的实现。

微信主动拒绝了发展为多样营销工具的可能，而是以自媒体的形式呈现，从一个发声渠道演变为社群经营及移动电商运营的综合渠道。通过微信企业可对品牌进行"人格化"的精耕细作，所以微信更适合企业对品牌进行深度管理。其意义在于沉淀或者转化品牌的重度分销者以及品牌粉丝。其中有几点值得关注。

（1）**自媒体、自品牌**。微信上大量自媒体涌现，再小的个体和品牌也有自己的发声机会。基于以内容和服务为核心的"阅读式"消费，微信成为用户打发碎片时间、获取感兴趣信息的有效途径。

（2）**连接一切**。微信将人、设备和服务连接在一起，让用户的体验不再拘泥于当时当下。与手环、电视、空调等智能硬件的互联，以及大众点评等线下服务的接入，使得微信"连接一切"的理念正在成为现实，从而带来无数营销可能。

（3）**社群化经营**。不同于微博这种社交广场带来的弱连接，微信的社交优势在于强关系的社交形态，微信里的人基本都是熟人，至少是认识的人。微信平台上积累的友好关系和信任资产，恰恰是微信平台上进行品牌传播的优势。

许多企业在经营微信公众号的过程中，把增加粉丝当成是很重要的目的。但要明确的是，增长的红利期已经过去，阅读量和粉丝增长已经趋于理性。所以企业更应该积累精准、有价值的粉丝，重视内容和服务，把内容、产品和服务结合到一起，让用户感觉舒适。因为社群不是朋友圈，它聚集的是一群志同道合的人，要实现内在价值观的认同。因而社群运营必须跟用户产生感情，增强用户的信任，制造更多与粉丝互动，甚至是面对面互动的机会。公众号和微信群两个运营阵地传播模式的对比如图5-3所示。

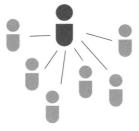
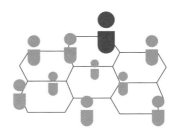

公众号传播一对多模式　　　　微信群实现粉丝的互动

图 5-3　不同传播模式的互动方式

（4）**朋友圈广告**。据不完全统计，微信朋友圈广告的曝光点击转化率在 2% 左右，随着更多广告的入驻，这个数字也在逐渐下滑。在朋友圈投放内容的成本会远远大于其他平台，因为为了保证用户体验，微信会优先挑选创意能力强的广告进行展示。

5.2.3　小红书、知乎、抖音：种草营销缩短决策时间

当今时代最能影响你的观点和选择的是家人、朋友和你所关注的人，人们通过熟人、KOL、网络社群、社媒等渠道被种草。同时，越来越多的品牌把市场营销策略的重心放在产品口碑上，以小红书、知乎、抖音等平台为载体，以内容生产为手段，以电商供给为后备，不断激发消费者的拔草欲望。种草大力带动销量的同时，也帮助品牌与消费者建立起强大的信任纽带。

小红书采用垂直社区 UGC 分享模式，社群交往互动性强，具有较高的渠道转换率。用户可搜寻自己感兴趣的话题，查看众多真实可靠的 KOL 的分享笔记，并可通过私信、评论、点赞等方式同小红书的用户"小红薯"们互动，建立自己的社群互动圈

层。截至 2021 年 2 月小红书用户总量突破 3 亿，并拥有独立的自营电商业务。小红书带火的产品数不胜数，也将高质量国货带给消费者，例如罗曼电动牙刷、完美日记化妆品等。

知乎平台用户画像为"高收入、高学历、高地位"人群，男性用户占比更高。他们更喜欢以深度问答的方式分享知识和经验。每个问答可以植入"知乎好物"链接，"知乎好物"不仅可包括知乎自有产品，还可包括主流的电商渠道（如淘宝、天猫、拼多多等）上的商品。只要消费者从问答中的特定链接进入平台电商并产生消费，就会给好物分享人分佣。越来越多高端品牌会在知乎上开启问答种草。随着知乎商业化进程加速，可以预见，知乎可能成为下一个"小红书"。

抖音平台的种草也十分火热，网红经济持续走高，打破了原有的明星效应。无论是明星、行业专家还是普通人，都可以利用抖音发光发热。除了接广告之外，抖音达人可以通过开网店、做直播等途径，获取大量资金，实现流量变现，占据有利的营销高地。

无论是笔记、问答，还是短视频，种草营销的本质都是内容营销。当一个品牌想要开展种草营销时，首先要做的就是寻找流量平台，邀请 KOL 或 KOC 发布使用感受和评价推荐，提升品牌销量及知名度。可以说，种草营销为新消费品牌打开了新思路。

种草作为一种隐形广告，潜移默化地向消费者推荐产品并占据消费者的心智，激发他们的需求及购买欲望，最终促成拔草的购买行为，同时开启新一轮的种草行动。从被种草到拔草再到主动种草的过程，就是由传播到购买再到口碑推荐的循环过程，这比传统零售更容易让用户信任。

5.2.4 B站：聚焦新生代，升级品牌娱乐体验

B站是以兴趣筑成的文化乐园，IP包含的领域主要集中在漫画、国创、影视、综艺、日番、纪录片、虚拟偶像和赛事。B站的兴趣社区性质浓厚，以UP主兴趣驱动为主。这群UP主既是B站最忠诚的用户，也是内容生产的主力军。他们为B站提供了90%的原创和自制PUGV内容，以优质创意内容吸引用户自发互动讨论，而粉丝的喜爱也激励UP主持续创作，从而形成良性循环的生态闭环。

从用户特征来看，B站用户以年轻人为主。逛B站已成为不少年轻人的一种生活方式。B站核心的年轻用户带有爱尝鲜的特征，所以满足兴趣需求的"新东西"在B站更容易出圈。

B站也是品牌年轻化升级及破圈的营销根据地。在B站2020年11月发布的"China-Z100"榜单中，家居、数码3C、美妆个护、零食饮料、休闲娱乐五类产品入围，其中元气森林燃茶、极米Z6X投影仪、大疆御Mavic Mini航拍小飞机等占比颇高，由此可以推知，年轻人更爱为新颜值、新理念、新方式买单。

在B站以往入驻的大品牌中，除了钉钉、小米等少数品牌外，大多品牌的营销没有达到引爆效果。原因有两个：第一，B站采用推荐机制，不以广告内容为主；第二，粉丝存量较少，难成现象。所以天进建议在入局B站初期，依托UP主的优势，以UP主内容为核心，先建立与B站用户的深度联系。B站种草方式如下。

（1）**UP主内容深度共创**。联合专业度较高或对商业化内容理解度较高的UP主，进行广告内容与自身内容的深度融合，除美妆、数码产品的开箱测评外，影视解说、动漫二改等UP主能

巧妙地将各类产品与其内容做深度融合。

（2）**vlog[⊖] 场景种草**。选取腰尾部 UP 主，从第一人称视角拍摄日常生活 vlog，强化生活场景，软化植入品牌产品，让用户更加近距离接触 UP 主日常生活。这样做更容易种草 UP 主粉丝，产生更高互动，并使内容更真实更自然。

（3）**福利抽奖粉丝互动**。用品牌官方活动福利刺激用户，通过 UP 主转发来激发用户参与。UP 主助力品牌官方活动，进行私域动态转发，公域和私域流量互通，更好地触达 UP 主私域粉丝圈层。

5.3　内容营销——用价值撬动传播

精准的意义在于找到对的目标群体并在对的时间进行品牌传播，这些都完成以后，接下来就应该慎重考虑拿什么来打动目标群体了。在当下，"内容为王"依然很重要。内容之于传播极其重要，甚至把传播等同于内容营销都不过分。何为内容营销？内容是完全或部分由一个品牌出资而编写的，阐述该品牌的价值观，并向受众提供有价值的东西——通常以娱乐、资讯或启发等形式展现。

从 2020 年开始，移动互联网用户增速放缓，人口红利见顶。反之整个互联网内容创作量却不断攀升。以 B 站为例，财报数据显示，2021 年第三季度 B 站月均视频投稿量同比增长 80%。2020 年第二季度，用户在短视频上所用时间首次超越即时通信。利用内容营销抢夺用户注意力和时间，成为企业品牌传播的发力点。

⊖ 即微录，是博客的一种类型，意思是用视频记录。

内容营销的重要性不亚于产品运营。借助内容平台矩阵，优质内容能在多个场景下触达用户，影响用户的消费决策。《2021年中国内容营销市场发展洞察》显示，2021年品牌主对内容营销的预算大幅提升，占总营销支出的比例高达58%。企业围绕"市场年轻化，寻找持续的增长点"这一核心课题，不断创新内容营销的内容和形式。

5.3.1 人性和价值交汇处才是品牌传播原点

优秀的内容营销不同于传统广告，好内容是人们真正愿意花时间去欣赏的。传统的广告插播，对用户是一种阻碍，很难令人愉悦。它会把用户从当下关注的事物中强行拉出来，并大喊大叫："快看我！快看我！"而内容营销却是符合个人意愿的创意文化，控制权在受众，而非品牌。年轻一代也更容易接受内容营销这种方式，"千禧一代"（通常指1984～1995年出生的人）中的31%更可能阅读品牌发布的内容，53%更可能观看品牌视频，31%更可能在社交网络上关注品牌，20%更可能针对品牌进行点评或发帖。

要制作出好的内容，价值和人性是两个需要把握的重点，二者的交汇处才是品牌的传播原点。在内容形形色色的社交媒体上，当无价值的信息泛滥时，有价值的信息或者服务将变得重要。好内容不仅要有价值，还要对人性有所洞察，因为只有那些打动受众、让人们产生共鸣的内容才会被分享和转发。

5.3.2 信息流是主要的体验方式

用户花在社交网络上的时间正在从PC端转移到移动端，这对社交广告产生了巨大影响。加拿大研究人员发现，人的平均注意力时间跨度只有 8 秒。当我们注意力集中时,会感觉时间过得飞快。以短视频信息流为例,抖音一刷,几个小时就过去了。中国互联网络信息中心发布的第 47 次《中国互联网络发展状况统计报告》显示,截至 2020 年 12 月,中国短视频用户规模为 8.73 亿,占网民整体的 88.3%。《2020 抖音数据报告》显示,抖音的日活跃用户已经突破了 6 亿。网友日均刷短视频时长近 2 小时。

PC 时代的 Banner 广告在移动社交时代或许会消失。由于手机上的界面有限,用户只要一低头就像是陷入了自己的小世界,所以,一气呵成的信息流是影响移动社交时代体验的主要因素。《QuestMobile2021 互联网广告半年大报告》显示,2020 年上半年至 2021 年上半年,短视频 + 视频信息流广告占比 54%,颜值营销广告费用增长显著,短视频信息流广告增长更为明显。

5.4　引爆——基于情感和关系的连接

刷屏、引爆带来的社交狂欢会使很多营销人和品牌商激动不已。但事实上引爆现象却是难得一遇的,并且常常出现赢家通吃的情况。在社交网络中,一款快速增长的应用或者服务,能在某一细分领域占据高达 90% 以上的市场份额。比如脸萌、魔漫、年龄测试这样的"全民应用",通过社交网络迅速引爆,占据了用户的手机屏幕和信息流。

一款受欢迎的应用、服务或活动在进入社交网络的一刹那就开始了自己的引爆历程。引爆点就是传播迅速攀升的拐点。引爆会突破人群、市场的限制,没有高端、低端,以及国家、区域、市场之分。引爆的形式各有不同,但抛去表象,其实质都逃不开两个点：一个是情感，能引发情感共鸣；另一个是关系，和受众有关。只有具备这两个要素，才能被不断分享和转发。

连接，在现在或者未来都是一个很重要的概念，突破传媒的边界，哪里存在连接的可能，哪里就可以承载传播。

1. 移动应用

移动应用确实能够提高消费者品牌体验，利于通知推送、社交媒体整合和移动营销自动化的实现。而且，移动应用能给企业提供移动营销方面的专业数据，让追踪数据和提高个性化变得更容易。

以家为场景举例。未来数年里，联网设备的使用率势必会快速增长，消费者对连接家中几乎任何事物都有着强烈的兴趣。89%的受调者确认，他们希望所有的家用设备在未来能够无缝连接在一起，例如安防系统、照明设备、汽车、洗衣机、智能手表、烤箱、冰箱和老年人监护仪。如果品牌商能开发出这样一个应用，那么它将有大把机会占据用户心智。这也有着其他的启发意义。如果你的产品和健康相关，那么可以制作一款监测健康状况的App，以此改善用户的健康状况和生活方式，并把品牌信息嵌入其中。

2. 可穿戴设备

可穿戴设备是未来的创新亮点之一，市场潜力巨大。同手机类似，可穿戴设备也是带体温的媒介。各式可穿戴设备可让一切互联、无缝互通的愿景成为现实。2020年中国可穿戴设备市场主要被耳机设备、智能手表、智能手环瓜分，其中智能蓝牙耳机（耳戴设备）市场出货量5078万台，同比增长41%；智能手表市场出货量1532万台，同比增长48%。这两类产品成为可穿戴设备的主力。预计到2024年，我国可穿戴设备产量将达3亿台，全球产量将达到6亿台。如果可穿戴设备成为数字世界和现实世界的桥梁，那么品牌商需要设法占领这一入口。地理位置记录、购买行为分析意味着新的搭售行为的产生。

5.5 天进案例连接——品牌打造经典案例分享

5.5.1 欧派：成就品牌大家风尚

欧派面临的是日新月异的技术变革、复杂多样的国际市场和更挑剔、更有个性的年轻消费者，因此，欧派的品牌经营需要应对的一个重要考验就是，如何继承与发展积累了多年的品牌资产，同时赋予品牌更鲜活、更有时代感的精神，在更大的国际市场传递自己"爱家"的温暖情感，进一步将品牌的核心理念与价值扎根在消费者心目中，获得消费者更高的忠诚度。

这一切，也许都应该通过有态度的创意营销来实现。

1. 现在与未来，打造极具时代感的欧派风范

从天进为欧派提出"有家，有爱，有欧派"的品牌定位开始，在家居行业的激烈厮杀中，欧派始终遥遥领先。20多年来，欧派一步步稳扎稳打，实现了从橱柜到整体厨房再到大家居领域的战略扩张，销售成绩上更是实现了狂飙式增长。

在科技飞跃式发展的今天，各种科技元素与产品已经进入了平常人家的日常生活之中。这让包括欧派在内的家居企业不得不开始尝试对不同业态进行融合，为消费者提供智能化产品以及更优质的一站式定制化的购物体验。作为行业风向标的欧派，顺应潮流，运用先进的技术，打造领先的产品和极致的家居服务体验，并且开启延长产业链的探索。大家居＋信息化成为欧派品牌的双驱力。

欧派要实现做大、做强的战略目标，同时也要警惕对已有的品牌资产的稀释。与时俱进是必须的，但对欧派最精髓的品牌理念的继承与发扬，同样也是必须的。如今的消费者早已对硬性的营销手段产生免疫甚至反感，所以，对品牌形象的塑造和理念的传播，需要具有时代感、感召力和识别度的文化价值，这样才能让欧派在国际市场上展现独一无二的形象，对消费者产生持久深远的影响力。

2. 情感+体验，打造欧派式的传播风格

自从2007年天进帮欧派提炼了"有家，有爱，有欧派"的品牌价值主张以来，欧派就始终将这种理念灌注在每个产品设计和营销活动之中。在消费者心目中，欧派是幸福、温暖、有安全感的化身。经过近20年的经营，这种品牌形象也已经成为欧派最有价值的战略性品牌资产。

为了让这种价值主张更深入人心，2014年欧派带头发起了一个慈善公益项目"爱家计划"，关注困难家庭和家庭亚健康问题。

"爱家计划"项目发起了"免费午餐"活动（见图5-4），号召和组织欧派价值链成员及消费者为"免费午餐"项目奉献爱心，并先后向"免费午餐"公益基金捐赠了150万元。欧派借助关怀困难家庭项目，向全社会传递"有家，有爱"的品牌理念。

图5-4 欧派爱家公益行动

2016年,围绕"有家,有爱"的品牌理念,欧派借势"515国际家庭日",在北京举办了一场盛大的"超级爱+"发布会。

不同于其他企业的发布会套路,欧派这次的发布会不是为了"售卖产品",而是借助国际家庭日这个特殊的日子,打造"爱家"生态,传递"爱家"理念。在智能手机等科技设备已经入侵每个人的日常生活的现状下,欧派向消费者们高声呼吁"关机一小时,陪伴更真实",提倡让被科技产品过度填充的家庭生活回归更纯粹、更有爱、更真实的状态,让每个人都能享受与家人真切陪伴的幸福时刻。

活动聘请欧派的"爱家大使"孙俪启动"关机一小时"活动(见图 5-5),并邀请周冬雨拍摄《关机一小时》的主题微电影。同时,欧派也在各大机场、高铁、5A 级旅游景区发布活动相关的创意海报。欧派希望通过各种行为与活动,将国际家庭日打造成欧派式的"爱家"IP。

图 5-5　欧派国际家庭日

活动只是欧派传递品牌理念的重要窗口之一,依托于新科技的极致体验营销则是欧派的另一个传播窗口。这也是欧派追求品牌形象、与时俱进的走心之作。

2015年开始，欧派陆续在广州、上海等地落地"大家居"体验店，与现有线下店面实现互补，满足消费者一站式选购的需求。欧派大家居采用线上互动体验店+展厅实景样板间的方式呈现。消费者既可以根据房子的户型、面积以及自己喜欢的风格在官方网络商城上进行DIY家居体验，也可以到线下的欧派大家居旗舰店进行现场体验。在消费者感觉满意之后，欧派会安排设计师上门设计全屋定制家具的效果图，并提供含报价的设计方案。

欧派这种营销模式，是将传播与服务有机融合的典范。消费者在接受服务的过程中同时产生对品牌价值的认知与判断，进而主动进行口碑传播。

2016年3月欧派总部大家居展厅在广州正式对外开放，欧派成为国内定制家居行业中首个正式开放VR数字展厅的企业。消费者可以现场观看和体验欧派的整个价值链条，该链条涵盖了从设计到生产再到营销的多个环节。

在欧派VR展厅，消费者可以看到感知桌面、全息台、数字沙盘等硬件终端，还可以进行自由组合，从而形成一系列全新的展示营销方案。设计师则可以通过不同终端发布和分享自己的设计方案，"一键布柜""一键布饰"甚至"一键更换房间风格"等互动展示功能既提高了传播营销的效率，又把消费者体验做到了极致。

欧派将自己的品牌理念和品牌文化，通过产品、设计、环境、现场体验，以沉浸式、可视化和交互的方式呈现，极大地增强了消费者的体验感，让欧派"有家，有爱"的品牌理念得到了真实、立体的演绎，最终实现了"让科技为家领航"的品牌新主张。

3. 不变的爱家，创新的欧派

欧派已取得多项令人瞩目的成绩，这既得益于欧派在产品和技术上的孜孜追求，也要归功于欧派别具特色的品牌传播风格。

技术的变革和消费者的变化，是每个企业都必须重视的营销要素。欧派作为一个已经深耕家居行业多年的领导品牌，更是注意随时主动应对这类变化与挑战。为顺应全行业互联网化的新趋势，欧派也已经布局了自己"互联网+"的变革路径，制定了"大家居+信息化"的新品牌发展战略。

在全新的媒体生态下，欧派正在探索通过类似全渠道+C2B这样的营销新模式和领先的传播技术，将品牌传播的内容与方式服务化、产品化。但无论环境如何变化，欧派最宝贵的品牌资产——"有家，有爱"的核心价值始终不变，甚至要借助更多新兴、有趣的传播手法和传播工具，向全世界进一步推广和普及。相信在未来，欧派不仅能够成为中国大家居的领导者，更能凭借其出色的品牌塑造力，成为国际市场上的品牌大家。

5.5.2 慕思：开创品类到开创模式，传递理念，打造文化

营销3.0时代，品牌经营更强调对品牌形象与品牌价值的战略性提升，而非简单的市场区隔效果。要实现这一目标，单靠产品的功用往往发挥空间有限，但文化的无限溢价空间和独特的情感号召，却大多能够无往不利，助力企业实现品牌升级和生命续航。

天进将慕思开创性地定位为健康睡眠顾问专家，以高端、专业的形象出现在寝具市场。随着大举进入国际市场，慕思寻求的品牌经营新突破，则是如何将慕思高端、专业的品牌形象强化升级，让品牌形象跳出产品功用的局限，以更大的格局为品牌形象赋予生命力、感召力和影响力，让品牌具有更高的价值。

或许以理念传播为突破口，打造更先进、成熟、贴心的健康睡眠文化，让消费者产生心理认同和情感共鸣，会是一个有益的尝试。

1. 营销3.0时代，品牌价值的升华时代

正如世界营销大师菲利普·科特勒所言，如今的市场早已从以产品为中心的营销1.0时代和以客户为中心的营销2.0时代，大跨步进入了以价值为中心的营销3.0时代。营销已经不能再沿袭以往硬性灌输信息的套路，而是潜入消费者的精神世界，挖掘品牌能够为他们提供的感性价值，通过传播工具、传播方式、传播内容的"走心化"创意，与消费者建立起专属的情感联结，进而培养品牌好感与品牌忠诚。

基于独特品牌形象的品牌价值，才是营销3.0时代品牌经营的核心。理性价值与感性价值融合齐发，才能赢得消费者的信任和喜爱，成为市场上无可取代的存在。

慕思在品牌理性价值的传播上已经打了一场漂亮的营销战。通过天进帮助慕思提炼的"健康睡眠系统"核心价值，以及塑造的"健康睡眠顾问"的专家形象，慕思不仅成功开创了"健康睡眠"这一品类，更是借助这一独特的品牌形象，成为寝具市场的高端品牌。

但营销 3.0 时代，消费者对品牌的信任与好感相较于以往，更多的基于口碑与体验。消费者对于企业是否能够具有积极的社会文化价值，是否能够体现出对顾客的长期利益和终身价值的关注与体贴，有了更高、更严格的要求。

所以，慕思要实现将自己打造成为具有长久生命力和高价值品牌的目标，必须把社会文化价值和品牌理念、品牌文化、品牌愿景结合起来，打造和传播专属于慕思的文化，用极致的文化体验营销赢得消费者的信任与喜爱。

2. 文化体验营销，极致的服务与关怀

慕思的品牌基因是技术与理念，是对解决"健康睡眠"问题的专业和专注。只停留在产品层面的话，为消费者提供的只能是一套完整的"健康睡眠"产品系统；而进阶到文化层面，慕思需要打造和传递的则是一套科学、系统、成熟的"健康睡眠"文化，以及其背后极致的"健康睡眠"服务。

打造权威、专业、先进的"健康睡眠"文化，是慕思品牌文化价值的核心所在。自 2009 年起，为了向生活节奏快、压力大的消费者们广泛推广优质、健康睡眠概念，慕思全面启动"慕思睡眠文化之旅"公益项目，为消费者探索解决睡眠问题的科学方法，让消费者了解不同国家的健康睡眠方式。

不仅如此，慕思还与国家卫生部联合举办了一系列以健康睡眠为主题的活动，例如"世界睡眠日暨全球健康睡眠高峰论坛""慕思对话世界睡眠大师"。活动诚邀来自政府相关部门和睡眠研究机构的专业人士参与，为消费者普及先进、科学的健康睡眠知识，共同探讨健康睡眠问题，倡导健康睡眠和生活方式。

专业的睡眠论坛活动是对慕思所打造和传播的"健康睡眠文化"最权威的背书,既赢得了消费者的信任,更获得了消费者的喜爱,让消费者对慕思品牌形象有了更积极正面的印象和评价,如图 5-6 所示。

图 5-6　慕思世界睡眠日

光有严肃专业的活动还不够,慕思也采用时兴、有趣的传播手法,向受众传播睡眠理念。2012 年年末,慕思出品、张元指导的网络贺岁片《床上关系》在爱奇艺、优酷等各大主流视频网站播出,上线仅一周便冲进播放量三甲。

电影借用"床"这一载体,解读当下的两性关系、婚恋观,折射社会与人生。一部以"床"为主体的微电影,唤醒了人们对"床"的关注和思考,对健康生活方式和生活理念的思考,让慕思品牌的睡眠文化有了层次和境界的升华。

有了权威背书,慕思还需要将服务做到极致,让消费者切身体会到慕思所倡导的"健康睡眠"理念和方式,在互动中建立起与消费者之间的情感连接。

为了给用户创造极致的品牌文化体验，深化"健康睡眠文化"，慕思于2011年在整合中西睡眠理念的基础上，提出了"六根即眼耳鼻舌声意"的理念，并着手对声音与睡眠进行深度研究。从2012年起，慕思开始推出独家打造的睡眠音乐大碟《觉》《梦》《憩》。

作为国内寝具行业的领导者，为了加速对健康睡眠文化的普及，强化自己作为全球睡眠音乐开创者及整合者的形象，2013年，慕思联合网易音乐，进行了品牌与音乐的一次完美联姻。

在网易云音乐平台，慕思力邀白先勇、林青霞、侯孝贤、杨锦麟等知名嘉宾共同参与录制《晚安电台》节目，在每周一、三、五用音乐故事向听众道晚安。

为了强化睡眠音乐的概念，慕思创建了全球睡眠音乐歌单，用户通过聆听及分享音乐，为自己喜欢的睡眠音乐打榜。而慕思则通过分析用户聆听及分享行为，打造全球睡眠音乐排行榜，并将排名前十的音乐收录在慕思睡眠音乐年度大碟中。

2015年3月21日世界睡眠日当天，慕思携手网易推出"态度在行动，定制睡眠曲之天黑请入眠"大型主题活动，由陈坤担任活动代言人，传播健康睡眠概念。用户在活动页面答题，系统则根据他们的答案分析并推荐个性化的定制睡眠歌曲，以此传达慕思对用户睡眠健康的关爱，让用户通过切身体验对睡眠音乐概念产生认可。网易更帮助慕思整合爱奇艺视频、省级交通电台，以及包含网易新闻客户端、网易云阅读等在内的网易旗下多项优质资源，构筑立体化的传播矩阵，聚合全网受众。

为了将慕思睡眠音乐系统以及健康睡眠服务做到极致，2015年慕思更整合全球睡眠资源，重磅推出音乐疗愈解决方案——一套集丹麦 wifi 音响、台湾风潮音乐、网易云音乐等全球音乐资源于一体的云音乐睡眠系统。以网易为平台，慕思将自己所倡导的"让身休息，让心睡眠"的睡眠哲学一步步植根于用户心中。

3. 多元传播，多年耕耘，慕思品牌文化扎根世界

2015 年，慕思成功斩获艾菲奖大中华区金奖、中国广告长城奖两大重量级奖项，这无疑是对慕思在传播与营销方面所做的努力的最高认可。在新营销时代，慕思已经远远将竞争者甩在身后，从单纯卖产品，升华为推广品牌理念与品牌文化，传达对消费者睡眠健康的关爱，和对健康生活方式的执着追求。

慕思成功的音乐营销，显示了其文化体验营销的价值和效果。《晚安电台》节目至本书完稿时已录制超过 100 期，播放次数突破 300 万次，单期播放次数最高已超 10 万次，可见其受欢迎的程度。而"天黑请入眠"活动更是有超过 500 万网友参与。

慕思的营销活动不仅获得了相当的传播声量，更是实现了品牌文化的输出和品牌价值的升华。慕思举办的全球睡眠文化之旅活动已经涉足欧洲、澳洲等地，让慕思的睡眠文化真正实现了在全球范围的传播。

5.5.3 水密码：营销组合拳，突围补水市场

丹姿，作为补水细分市场的开拓者，凭借"水密码"这一核心品牌，塑造了深入人心的"补水专家"形象。然而，随着护肤品行业比附竞争的加剧，补水已经不是水密码专有的标签，而成为国内外品牌争相抢占的市场。

因此，如何借助传播之势，让水密码在众多补水品牌的混战

中脱颖而出，强势占据补水市场的第一品牌地位，是水密码品牌突围的一大考验。

1. 激烈竞争和新营销环境，强化品牌形象需要新玩法

2008年，天进帮助丹姿创立了"水密码"这一品牌，并成功打造了"水密码""补水专家"的品牌形象，让丹姿凭借着领先性的补水产品一举获得补水市场的成功。

然而，随着竞争者纷纷大举进攻补水这一细分市场，铺天盖地的广告轰炸和营销攻势，让消费者逐渐迷失在一群标榜"高效补水"的品牌之中。"水密码"的形象优势逐渐式微，甚至因为竞争者的比附竞争，而在消费者的认知中出现了模糊性。"水密码"亟需通过有效的营销传播来强化自己"补水专家"的形象。

然而，这个"碎片化"时代，品牌所面临的营销环境已经发生剧变。信息和媒体的消费不断被碎片化，接触点持续不断地裂变、迁移，传播费用日益高涨，而传播效果却更容易被稀释，受众对铺天盖地的营销信息产生审美疲劳，甚至排斥。

有数据表明，"玩"已经成为现代都市人生活的主题，"玩"的花费占他们日常消费的1/3。他们对于"怎样玩"以及通过何种载体让自己觉得"好玩"，十分热衷。这种态度在90后、00后的网络原住民身上更为明显。他们对传统媒体失去兴趣，而对于趣味性、体验式、互动化的媒体工具和内容，甚至其承载的营销活动能保持关注和投入。

所以，面对着这样的竞争态势和营销环境，水密码不仅要强势夺回补水第一品牌的地位，更要思考如何用新鲜、有趣的传播手法来攻占消费者的心智。

2. 娱乐大营销,打出漂亮营销组合拳

作为最具有娱乐性的 IP,热播综艺和电视剧无疑是吸引受众、聚拢粉丝的有利平台。自 2013 年起,"水密码"就通过热播综艺、影视及精准广告投放,将有趣、多元、正面的信息与"水密码"的品牌内涵相结合,打通线上线下、节目内外,让"水密码——补水专家"的品牌形象再次强势发力。

2014 年和 2015 年是水密码霸屏年。考虑到女性,尤其是年轻女性是水密码的主体市场,同时为了实现广告的精准投放,水密码选择了年轻女性爱看的湖南卫视与浙江卫视进行深度战略合作,在这两大黄金平台的综艺节目与电视剧中高频度展露,并辅以社交平台以及线下活动的加温,让水密码打了一场轰轰烈烈的营销仗。

冠名浙江卫视《中国好舞蹈》(见图 5-7),水密码实现了品牌立意与高品质节目内容的完美融合。在品牌展示上,水密码水滴造型与节目主视觉相结合,"水密码蓝"与节目舞美相结合,

图 5-7　水密码冠名《中国好舞蹈》

再加上舞蹈的柔美、艺术的表现力，让水密码的"水"概念和"灵动"的气质自然又直观地传递给受众。而节目中穿插的口号"专业好补水，领舞中国美"，则更直接点明品牌定位，让受众知悉。节目播出期间，水密码网络声量远高于竞争对手，百度指数同比增长大于1000%。

除节目露出外，水密码借势具有高共鸣度的舞蹈话题，以"美丽正能量"为宣传口号，充分利用腾讯视频这一流量大平台，举办线上微视舞蹈大赛。同时，聚合微博、微信、豆瓣等新媒体阵地，引发众多网友参与互动。尤其是在微博平台上重磅打造的BigDate活动，以话题激发受众好奇，再借微博红人们调侃转发，吸引了众多网友脑洞大开的竞猜，将专属于水密码的BigDate打造成了网络的娱乐party，更是荣登热门话题榜。"水密码"微博官方账号更是粉丝暴长至4千万。

有了线上的爆点，线下的活动也跟进加热。配合线上BigDate的线下活动在广州落地，粉丝可以与"好舞蹈"冠军古丽米娜见面，交流护肤、舞蹈心得，并现场体验水密码护肤产品、参与热舞Party、获得水密码终身VIP福利等。水密码的营销主张得以圆满展现，品牌形象因此深入人心。

为了抢占黄金暑期档，水密码乘势冠名《金鹰独播剧场》，在热播剧进行植入。高频率、高强度的品牌露出让品牌在消费者心智中形成了鲜明的产品记忆点，进而触发购买的欲望。水密码又抓住第三季《中国好声音》的热潮，独家特约《中国好声音》之《真声音》栏目，唱响水密码的品牌"真品质"。

2015年，"水密码"加快攻占年轻人群市场，冠名湖南卫视《一年级》大学季，将"补水"概念进一步普及。为配合节目的播出和观众观看节目的舒适度，各种露出的产品和周边都设计为"水蓝色"，"水密码"Logo 在不同场景和物品上的出现都极力做到高识别性和与情境的自然交融性，让镜头中出现的每一个"水密码蓝"都表现得清新、自然、养眼。

为了提供与受众的互动性，水密码特别开设《一年级》大学季水润学堂主题网站，与节目播出实时同步推出"学员补水站"投票活动，发动粉丝为喜欢的学员投票，并反复重申补水概念。

在荧屏之外，水密码还有效整合网络媒体、平面媒体、户外媒体等多种宣传媒介，打造立体化的品牌传播矩阵，不断借势甚至主动炮制互动性强的话题，引发传播声量，让品牌效应持续发酵。

3. 创造声势、引发共鸣，强化"补水专家"第一品牌

在"娱乐"已成为时代风向标的今天，冰冷、生硬的商业广告已经无法引起受众关注，优质、有趣、互动性强的娱乐内容才能成为吸引受众的营销法宝。

水密码借助热门综艺和电视剧，在荧屏上高密度露出，在线上不断制造和刷新热点，再结合线下活动的对接加热，不仅实现了粉丝数量的增长，更在强 IP 内容放松期间持续占据热门话题。市场数据反映，单单靠《一年级》这个大 IP，水密码的官微粉丝就突破 122 万，微博联名话题阅读量突破 1120 万，活动网站的浏览次数高达 107 万次，高访问量一再刷新水密码的百度指数。

借助热门 IP 的娱乐营销，水密码不仅实现了高密度露出，它的品牌定位、品牌熟悉度和认可度等也取得了亮眼的成绩。水密码的"补水专家"品牌形象更深入人心，水密码作为补水护肤"第一品牌"的地位也更加稳固。

5.5.4 茶妈妈：开启幸福风暴，内容创意赋能品牌

从天进提出"喝出幸福的味道"的核心价值开始，茶妈妈用"幸福"塑造超越"健康"利益点之外的感性价值，帮助茶妈妈一步步稳扎稳打步入小青柑品牌第一阵营，成就"小青柑中的爱马仕"。

为了使"幸福"价值主张更深入人心，茶妈妈试图以走心的方式与年轻一代沟通。2020年8月，茶妈妈独家冠名的国内首档大型心理学真人体验类节目《幸福实验室》（见图5-8），首次采用互动实验＋专家观察的模式，为全民带来一份关于幸福的科学报告。

图 5-8　茶妈妈独家冠名《幸福实验室》

当生活的节奏越来越快时，原本就捉襟见肘的生存空间被一步步蚕食。在重压之下，建立亲密关系变得尤为艰难。甚至越来越多的人陷入幸福困境中，既不知道如何与人相处，也不知道怎样呵护自己。

面对这一全民性的焦虑，《幸福实验室》应运而生。不同于以往的情感观察类节目，节目采用素人线上报名的方式，从万余报名对象中甄选了1200余名实验对象，参与节目拍摄。来自各

个圈层、各种背景的受测者互动、交流，少了一份光鲜，多了一点粗糙，却也令节目得以营造最真实的实验情境，记录最直接的实验反应，呈现最有启发与借鉴意义的互动交流。

同时聚焦当代人最扎心的话题，比如：如何与陌生人成为朋友，怎样把喜欢的"ta"追到手，夫妻该怎样相处，失恋了要如何自救等等，以"茶妈妈幸福金句"解码幸福真谛。借助幸福话题热度，茶妈妈向全社会传递"喝出幸福的味道"品牌理念的同时，也在全网掀起了喝健康好茶的热潮。

截至 2020 年 8 月 27 日，微博主话题"幸福实验室"阅读量超过 1700 万，讨论量超过 2 万，"如何看待婚姻彩礼文化"话题登上微博热议榜、热搜榜。同时茶妈妈发起城市美食有奖征集活动，拍摄茶妈妈小青柑与地方美食搭配享用的视频，被评为最佳者即可获得价值 7840 元的 2020 茶妈妈小青柑。

面临粉尘化的传播环境和富有个性的消费者，节目再次以科学的思路，回应了追寻幸福的男男女女对经营亲密关系的焦虑与困惑。以温暖的姿态传播幸福的真理，这也正是茶妈妈小青柑一贯的品牌理念。而城市美食有奖征集活动，从抽象到具象，把"幸福"植入新一代年轻消费者的心中，又进一步将茶妈妈与"幸福的味道"划上等号，从而获得消费者的喜爱与忠诚。

千百年来，茶文化成为炎黄子孙引以为傲的文化传统，但这也让人产生老旧、固化、刻板的感觉。茶妈妈作为传统茶叶品牌之一，在保证品质与传承的前提下找到营销创新的法则，以内容营销赋能品牌，击中更广阔受众圈层的全新兴趣点，就是茶妈妈小青柑能够跨界出圈并决胜市场的关键。

第6章 Chapter 6

冠军基因：提升企业社会形象，奠定行业领导位置

介绍冠军基因的目的并非企图破解成功企业的密码，因为这是一件很容易让人膨胀的事情。之所以谓之冠军基因，有这样一个缘由。自 1998 年天进成立以来，天进的客户名单里一直不乏行业领军企业，并且都是长线合作的客户，平均合作时间长达 5 年。关键的是，在与这些企业刚刚携手天进时，它们大多并不位于行业前列，而是在此后的经营中逐渐成长为行业领导者。在此并不是想吹嘘天进成就多少行业的冠军品牌，而是分享天进在参与这些企业的成长过程中总结的一些成功规律和经验，即所谓的冠军基因。

成功不可能百分百复制，因为每家企业所具备的基因和经历

的成长路径都不一样，基因决定了企业生命力。但并不是每一家企业一开始就注定伟大，更多默默无闻的企业为什么不能成为行业或者某一细分领域的引领者？引领变革或改变既定的游戏规则很难，但却是一件很酷的事情。在未来，市场会因需求、生活方式等的多元化，变得越来越细分，因此许多公司会以小而美、专而精的形态存在，占领某个垂直细分领域的高地。

6.1 企业进化论：如何裂变影响力

6.1.1 企业原力

在这里我们所说基因，也可以看作初衷或者原力，即企业发力的原点，源于企业或组织存在于这个世界的意义。这和品牌定位并不重合，品牌定位更多指的是产品或服务，一个定位可以是纯粹的理性利益诉求，也可以是理性和感性诉求的双重加持。但品牌或企业的基因或者原力更多是一种世界观或者价值观，很大程度上，它会从直觉和情感方面影响企业的组织和个人。企业基因也是创始人或首席执行官（CEO）关注的焦点，即我们的企业要什么和不要什么，他们藉此制定企业发展愿景，激励员工追求梦想。事实上，但凡追求优秀的企业都有着明显的原力印记。

阿里要求自己的员工必须融进企业文化里面去。马云要求阿里的干部更多地把价值观作为考核员工的工具，而不是检查思想的东西。在他看来，价值观才能真正起到指导作用，而KPI只是里程表，按照价值观方向去走，就知道正确的路在哪里。中间的游戏规则就好比双黄线、斑马线、红绿灯，并且这些游戏规则也是要按照价值观来制定的，否则员工就是一批乌合之众。

华为更强调聚焦，一心一意做一件事。当年华为仅有200名员工时，任正非曾说，20年后世界通信市场三分天下，华为必有其一，很多人觉得这是在痴人说梦。20多年华为坚持只做一件事，对准信息通信领域这个"城墙口"冲锋。在这个过程中，钱不是最重要的，重要的是要聚焦。

腾讯的过半数员工都是技术人员，崇尚实干文化，往往以解决问题为第一要务。马化腾认为用技术来提高效率或者帮助别人非常有意义。资源只是加法，产品力才是王道。一堆做不起来的产品，只能减分、分散精力，所以做10个弱产品还不如做1个强产品。行动要专注，做不好就要砍掉。

6.1.2　黄金圆环

有的企业原力强，企业的管理层和普通员工有共同的价值观、信仰，所以才能往一处用力。而有的企业原力弱，员工很可能是在毫无激情的情况下工作的，找不到内在动力去驱动创造。那究竟是什么样的原因造成了这种差异？

每个组织和个人都明白自己做的是什么，其中有一部分组织和人明白"怎么做"，这就可使产品形成差异化价值或者独特卖点，但非常少的组织和人明白"为什么做"，这里的"为什么"和为利润没有关系，利润只是一个结果。"为什么"指的是这样做的原因是什么，怀着什么样的信念去做。用一个简单的模型可以概括这其中的关系，这个模型被称为黄金圆环，它包含了3个要素——是什么、怎么做、为什么，概括了我们思考、交流以及行动的方式，如图6-1所示。

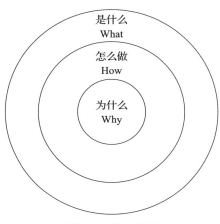

图 6-1　黄金圆环

一般而言，我们中大多数人的思考、行动、交流的方式都是由外向内的，大家从最清晰的地方开始着手，然后到模糊。然而，世界上所有伟大的令人振奋的领袖和组织，他们思考、沟通、交流的方式跟多数人的方式完全相反。以苹果公司为例，如果采取大多数的思考和行为方式，也就是从外向内，那么苹果就不能逃脱千篇一律，他们的宣传可能是这样的——"我们做最棒的电脑，界面友好，操作简单，你想买一台吗？"但事实上苹果公司的交流方式是这样的——"我们做的每一件事情都是为了突破和创新，我们坚信应该以不同的方式思考，我们挑战现状的方式就是通过把我们的产品设计得十分精美，使用简单，界面友好，我们只是在这个过程中做出了最棒的电脑。"事实上，人们不光买你的产品，还要买你的信念和宗旨，这就是，除了手机，苹果的粉丝们也会购买苹果其他产品的原因。

这个发现甚至可以从人的生理结构找到相应的支持。人大脑横截面的三个主要部分和黄金圆环匹配得非常好，大脑皮层负责我们所有的理性、逻辑思考、语言功能。中间的两个部分是边脑，边脑负责我们所有的情感，比如信任和忠诚，也负责所有的行为和决策，但这部分没有语言功能。当我们由外向内交流的时候，没错，人们可以理解大量的复杂的信息，比如特征、优点、事实和图，但并不以激发行动为目的。当我们由内向外交流时，我们是在直接同控制行为的那一部分大脑对话，这就会引导人们做出发自内心的决定，在有了决定的基础上人们才会理性地思考我们所说和做的事情。有时如果企业创始人说不清自己"为什么"做，就不能激发客户和员工的信任与忠诚，从而也就不能有效卖出产品或雇到忠于企业的员工了。

所以，"为什么"是十分关键的问题，关系到信念、忠诚，是创始人和企业向内探究的重要步骤。马云曾向盛田昭夫请教过几个灵魂性问题：企业与人性的关系是什么？人的本质是什么？企业发展到最后到底为了什么？这些是当时的他反复在思考的问题，而这些问题相信也是多数企业家必然会问自己的问题。这里的重点是，问题相同，答案却千差万别。而不同答案决定了你会引来谁和你一起共谋改变世界的计划，也决定了谁会为你的信念买单。

6.2　自媒体时代，商业明星闪耀

很大程度上，企业的价值观由企业的创始人或者核心成员定义，所以在追溯企业的价值观和原力形成的过程中，企业家是不可忽视的重要因素。成功的企业家典型又稀有，是社会的焦点。而在当下的网络时代，他们的经营主张、人格魅力被更多人所熟知，商业领袖受到明星一般的待遇。同时，他们也是诸多青年励志学习的对象。

对于年轻人来说，追捧商业精英并不是因为精英收入高，而是因为他们拥有坚守梦想的执着精神，这会让年轻人产生"活着就是要改变世界"的强烈认同和归属感。

还有一点不可否认，商业领袖都有自己独特的魅力以及卓越的领导力，这对组织健康至关重要，也是创造企业价值的重要推力。麦肯锡曾经做过一项研究，有4种领导人素质可解释出众和欠佳的组织之间的领导力差距，包括卓有成效地解决问题、坚持以结果为导向、寻找不同的观点以及成就他人。

当然以上4种素质是一个好领导人的基本素养，但事实上存在更多差异化的特质，更新鲜、个性，也是时代所需要的，譬如"偏执"这类通常我们认为是贬义的词语，在当下更像是在表达一种专注和追求极致的精神；而形容一个领导者"疯狂"，则是在赞赏一种为了无限接近完美而努力的激情状态。

6.3 美好的商业，品牌改变世界

驱动企业自身发展的原力也是驱动企业改变世界的力量，这类原力往往都是为了创造更美好的未来世界。而只有深刻理解人性后才能创造出改变世界的产品。张小龙说过，产品经理应该像上帝那样了解人性，产品的终极目标是满足人性需求。品牌塑造最大的理想在于使企业的存在能激发人性中的真、善、美，进而改善人类的生活方式，哪怕并不足以改变世界，都足以谓之伟大。然而，并不是对于资本逐利的恶之本性视而不见，而是企图以一种更加积极正向的行动促成商业的善意。

革新和创造力是改变世界的重要驱动力，同时也是判断一个企业价值和生命力的重要标准。很多公司也因而备受赞赏，它们受到赞赏的原因也是它们能实现革命性成就的原因。它们敢于破除偏见，想他人所不敢想，并改变了我们看待世界的方式。如苹果那样的企业冲破枷锁，以不一样的方式想世界，改写既有规则，用创新驱动世界改变。但我们明白，大多数极富创造性的突破往往始于对现有方法未来可行性的质疑，极少有组织或者个人愿意从根本上对根深蒂固的观念进行重新评估。可是企业一旦选择了破除偏见，就可能驱动创新和改变的发生。

6.4 天进案例连接——品牌打造经典案例分享

6.4.1 欧派：以爱之名，携手共进

1994 年至今，欧派家居集团从零起步，经历了 20 多年的不懈奋斗，已然成长为行业巨擘，实现了从橱柜到定制家居的华丽升级。

20 多年来，欧派所面临的时代在变，主力消费人群在变，消费趋势与消费形态在变，竞争对手在变，行业发展模式也在变……一切都在剧变之中，然而欧派却始终屹立潮头，一步步发展成为中国家居建材行业的领导者。

欧派虽然成功，但它的成功却不可复制，难以模仿。这背后的奥秘就在于欧派独有的文化基因，以爱关怀消费者，以眼界、胸怀与同伴携手共进。正是这种柔而有力的文化基因，让欧派在时代变迁中屹立不倒，引领潮流。

1. 有家有爱，以"善"灌注企业文化

"有家，有爱，有欧派"早已经是消费者耳熟能详的欧派专属口号了。经过多年耕耘，欧派也逐渐塑造了鲜明的、充满家庭温暖的家居大品牌形象，成为家居市场上一个备受喜爱的冠军品牌。

是什么造就了如今独一无二的欧派？是欧派的企业基因，一种深深植根于企业文化中对善与美的追求。

正是这种文化基因，决定了欧派始终致力于成为最懂消费者、最关心消费者的家居品牌，以家和爱作为品牌的文化内核，用最好的产品、最好的体验，让人们的家庭生活舒适温馨。

为顺应家居行业的发展，以及消费者的消费需求、口味的改变，欧派率先提出"大家居"的概念。这不仅从产品体系上打造出一个完整的生态系统，更从体贴消费者的需求出发，依托C2B+全渠道的新营销模式，打通线上互动体验与展厅实景样板间结合的营销方式，满足消费者一站式装修服务的需求，大大节省了消费者的时间。

欧派还在极力打造一体化设计软件系统。通过这款软件，消费者只要有装修需求，只要让设计师在家拍几张照片，就可以快速生成空间尺寸，输入喜欢的装修风格和家居产品材质后，半个小时以内就能在线生成设计方案和大概预算。不仅如此，只要扫描二维码，消费者就能追踪所订的欧派产品的生产、运输和安装全过程，整个装修过程让人放心、省心。

"善"体现在产品和服务中，也贯穿在欧派的营销和社会活动之中。欧派一贯秉承"有家，有爱"的生活理念，希望向消费者传递爱家、爱生活的价值主张。当今社会，"家庭亚健康"的问题愈演愈烈，然而很多人却对这个问题熟视无睹。为了唤起人们对和谐家庭生活的关注，自2013年起，欧派开启了一系列公益活动，并隆重启动了爱家公益项目"爱家计划"。借助这个公益项目，欧派先后发起了"免费午餐"活动、"关机一小时"主题活动以及正在策划中的爱家主题晚会等，呼吁全社会一起回归有爱生活。

2. 携手共进，策略联盟求共赢

欧派的市场战略并不是强硬做派，而是善于借力、聚力的合作共赢。

聚力，对内要善于凝聚全欧派之力、消费者之力，共同创造更大的价值，不断地进行机制创新，把机制作为企业做事的首要驱动力。正因为如此，欧派拥有非常健全的培训体系和主动营销机制。欧派还不断总结市场一线的成功经验，并高效地复制到全国的终端店面。

无论是"树根理论""千分体系"，还是"1+10模式""4S模式"，再或者是"全员营销""标准化营销"等营销战术，欧派不断地从市场中学习，再将其优化升级并反哺欧派的终端体系，这让欧派始终能够走在行业营销创新的前沿。

对外，欧派适时布局业内或者跨界的策略联盟。

2014年，欧派提出"大家居"概念，并将其作为欧派企业战略的重要方向。"大家居"概念的提出，是基于对消费者新消费趋势的把握，和对欧派资源整合能力的信心。

目前欧派大家居中的产品有百分之七八十是欧派自产，而像灯饰、瓷砖等产品则是通过行业联盟整合而来的，其中包括了东鹏瓷砖、雷士照明、大自然地板等。联盟合作可带来体量上的优势，价格也会有优惠，还能让消费者享受设计、搭配方面的服务。

欧派充分发挥自身在品牌、渠道、制造、管理上的优势，整合上下游和内外部资源，打造以"全渠道"和定制化为特色的大家居经营模式，既能为消费者提供全套的家居消费解决方案，又能实现与行业同人的合作共赢，增加彼此的竞争能力。

2015年，欧派零售额已近70亿，实现百亿销售目标指日可待。凭借强大的品牌影响力和优异的市场表现，欧派更是以品牌价值166.03亿元跻身中国品牌500强，居行业第一，并荣获中国橱柜行业标志性品牌称号，成为中国十大橱柜品牌之一、亚洲领先家居制造企业以及亚洲领先橱柜企业。

如今，欧派正以"三马一车"作为接下来一阶段的发展战略，三马即大家居、信息化、欧铂尼，一车即终端代理。这一全新的、具有开创性和颠覆性的战略规划，不仅让整个家居行业万分瞩目，也必定会让欧派以全新的品牌形象和更强劲的品牌力，再度引领新一轮的行业新风。

6.4.2 箭牌卫浴：匠心善意，成就行业冠军

箭牌卫浴从创立之初，就在董事长谢岳荣的带领下，力争称霸全国甚至走向世界。

打造冠军品牌不能单纯依靠高额市场销量，还要扩大品牌知名度、行业影响力和颠覆力，要全面提升企业的综合市场表现。只有发力于自身杰出、独特的企业基因，才能形成内外合

力，利用一切资源与机遇，将自己打造为行业冠军。

1. 突破自我，打造不凡

自箭牌成立之初，董事长谢岳荣就希望带领员工将箭牌打造成领军品牌。这种目标并不单单是领导人的美好愿望，更是一个成熟企业应对当今风云变幻、竞争残酷的市场形势应该有的态度。

无论是一九法则还是二八法则，企业必须意识到的是：市场上 80% 以上的利润最终只会被少数几个领导品牌享有。

你可以选择做第一、第二，也可以选择在小市场安居一隅。但结局却天差地别。前者可以不断享受品牌溢价，而后者很可能苦撑几年之后就被市场淘汰了。箭牌并不希望止步于与竞争者单纯争夺市场占有率和销量的现状，而希望能够成为制定行业规则、引导行业发展的冠军品牌。

"领先"纵然充满诱惑，但要实现这个目标也的确艰难。难点就在于认识和挖掘企业的优秀基因，打造不可复制的企业发展模式。

2. 匠心打磨，善意经营

企业基因是一个企业自诞生之初就具备的，又在成长与探索的过程中不断进化的独有价值，它往往是一个企业的文化与理念中最内核与精髓的部分。对于箭牌卫浴而言，天进认为正是箭牌对"工匠精神"的执着追求以及对"善"的坚守与弘扬，才造就了箭牌的成功。

箭牌的工匠精神突出表现在对设计品位与高端品质的不懈追求之上。

为了提升产品的设计品位，箭牌巧用策略联盟。2005年，箭牌与清华大学艺术学院共建实验室，研究人体工学，以求于箭牌的卫浴产品能够给予消费者最健康舒适的洗浴体验。2006年，箭牌更是与国际顶尖设计机构强强联合，以提升产品的品位和艺术感。

考虑到卫浴产品的实用性是消费者最重要的需求，箭牌对产品工艺和品质的要求也是精益求精。"品质就是生命"，精耕细作，严格执行行业最高质量管理标准。无论是产品工艺准备、原材料采购，还是生产、检验、包装、入库、销售、服务等，箭牌卫浴都严把每一道质量关。

为了给消费者提供最优质的卫浴产品，箭牌全力实现瓷砖与卫浴产品全覆盖，用源自意大利的设计理念、以自然舒适为第一诉求的真石瓷砖，来打造箭牌的卫浴产品，让消费者使用箭牌的卫浴产品时能享受最佳的体验。

不仅有对工匠精神的执着，箭牌卫浴更是始终秉承和实践"善"的理念。这种"善"正是对"美"与"好"的追求，是企业责任担当和企业精神的弘扬。

"美"是箭牌的品味，这种品味是时尚，是艺术，更是原创精神。

2011年，箭牌卫浴推出"旗袍"系列产品，以别具中国风的旗袍为设计元素，将独特的中华古典元素以时尚现代的艺术方式全新演绎。为了让箭牌的艺术风格深入人心，2014年箭牌邀请郎朗为箭牌卫浴的形象代言人，携手进军国际市场，箭牌卫浴的品牌形象得到进一步提升。

"好"是箭牌的使命与责任。箭牌卫浴始终以改善人们的卫浴生活品质为企业愿景，以为消费者创造舒适、健康、环保型的卫浴产品为理念。因此，箭牌卫浴不断在工艺与科技上追求卓越，更是开创性地提出了"人文卫浴"的理念。

箭牌卫浴在节能环保方面不遗余力，不仅采用先进的工艺、技术，全面推行清洁生产，在产品方面更是加大环保产品的研发，像座便器 3L/4.5L 超节水技术、花洒的空气注入式技术（节水 20%）、智能座便器技术等均来自箭牌。箭牌一直在努力研发更多、更先进、更环保的材质和技术工艺。

"好"还体现在箭牌卫浴对消费者实实在在的关怀和体贴上。箭牌卫浴对产品进行人体工学设计上的优化，目的是让消费者有最优的使用体验。通过开展"安全卫浴"主题活动，向消费者普及浴室安全问题，通过浴室整体设计帮助消费者提高使用浴室的安全性与舒适性，还会通过售后服务的跟进当好消费者的"安全卫士"。

箭牌旗下产品更是凭借优秀的设计及精湛的工艺，先后揽获中国创新设计中的"红星奖""红棉奖至尊金奖"，以及最佳设计奖、最佳工程配套奖、十佳创新技术新品等多项殊荣，得到了行业的充分肯定，奠定了箭牌卫浴在民族卫浴行业中的领军者地位。

2015 年 7 月 20 日，箭牌卫浴与中国国际贸易促进会世博办展览部举行"2015 年意大利米兰世博会中国国家馆全球合作伙伴"签约仪式，宣告箭牌卫浴正式入驻 2015 年意大利米兰世博会，成为中国国家展馆唯一指定卫浴品牌。这是世界对箭牌卫浴多年来坚守的人文卫浴理念的肯定，预示着箭牌卫浴在国际化进程中又迈出了重大的一步。

今后，箭牌卫浴将继续承担民族卫浴行业中领军品牌的责任，在国际舞台上绽放光芒，并和世界人民一起开启人文卫浴的新时代。

6.4.3　海尔：精英领袖，创造不凡

经历 30 余年的辛苦耕耘，海尔不仅在国内市场上表现惊人，更是成为中国杰出大品牌的典范，在国际市场上赢得了口碑与赞誉。这些成绩让竞争者望而却步，无法模仿更难以复制。

而决定这一切的，正是海尔集团自诞生以来在摸索和成长中所形成的适时重构、优化的品牌基因：灵魂式的领导人物，独一无二的企业文化与管理模式。品牌基因让海尔能够成功把握每一次时代变迁，踏准时代的节拍，创造不凡的成就和荣誉。

1. 海尔精神领袖张瑞敏

说起创造出中国品牌奇迹的海尔，不能不提海尔的灵魂人物张瑞敏。

1984 年，张瑞敏临危受命，接任当时已经资不抵债、濒临倒闭的青岛电冰箱总厂厂长。历经 30 余年创业创新的不凡历程，张瑞敏始终以创新的企业家精神和顺应时代潮流的超前战略决策引航海尔。海尔不仅是中国家电行业毋庸置疑的领导品牌，2015 年，更是进入全球品牌 TOP100，位列全球白色家电行业品牌第一名。

而张瑞敏个人，在领导海尔的过程中，将中国传统文化精髓与西方现代管理思想融会贯通，兼收并蓄，创新发展，自成一

家，以创新的管理理念为全球管理界探索出了符合时代特征的商业模式和经典案例，更创造了充满竞争力的海尔文化。张瑞敏因此在国内外管理界享有盛誉，更成为海尔的一张金名片，让世界对海尔的管理模式与企业文化赞誉有加。当然，这一切都是源于他不断摸索、创新出来的海尔模式与海尔文化。

从"日事日毕、日清日高"的 OEC 管理法，到每个人都面向市场的"市场链"管理，再到互联网时代的"人单合一双赢模式"，张瑞敏始终不断带领海尔人创业创新，主动迎接时代的挑战。"海尔文化激活休克鱼"案例被写入美国哈佛商学院案例库，张瑞敏也因此成为首位登上哈佛讲坛的中国企业家。

2. 创新不止，成就时代的企业

张瑞敏认为，没有成功的企业，只有时代的企业，企业必须主动保持敏感、拥抱创新。所以，"创业创新"便成为海尔企业文化的基因：打造产生一流人才的机制和平台，持续不断地为客户创造价值，进而形成人单合一的双赢文化。

"人"和"创新"，是海尔企业文化与企业基因中永恒的主题。

自创业至今，海尔集团经过了名牌战略发展阶段、多元化战略发展阶段、国际化战略发展阶段、全球化品牌战略发展阶段，2012 年 12 月，海尔集团进入第五个发展阶段——网络化战略阶段。致力于成为"时代的企业"的海尔，在每个阶段的战略主题都是随着时代而变的，力求以管理创新实现"人"的价值，使员工在为用户创造价值的同时实现自身的价值。

在网络化战略阶段，张瑞敏的管理思维再次突破传统管理模式的桎梏，将"人单合一双赢模式"升级为"人单合一 2.0——

共创共赢生态圈模式"。"人"从员工升级为攸关各方,"单"从用户价值升级为用户资源,"双赢"升级为共赢,最终目的是实现共创共赢生态圈的多方共赢增值。

互联网时代的海尔已从制造家电产品的传统企业,转型为面向全社会孵化创客的平台,并充满勇气地颠覆传统企业自成体系的封闭系统,将自己变成网络互联中的节点,联通各种资源,打造共创共赢的新平台,实现攸关各方的共赢增值。

海尔从 2005 年提出"人单合一"模式至今(本书完稿时)已近二十年,现在"人单合一双赢"模式因破解了互联网时代的管理难题而吸引了世界著名商学院、管理专家争相跟踪研究,并荣获被誉为中国企业管理创新"奥斯卡"的"全国企业管理现代化创新成果奖"。西方管理界和实践领域也对张瑞敏的创新给予了很高认可,认为海尔推进的创新模式是超前的。

3. 不忘初心,顺势而生,荣耀前行

成为行业主导、用户首选的第一品牌,为人们的美好家居生活提供解决方案,这是海尔一直坚守的企业使命和愿景。

2015 年的海尔集团,全球营业额达到 1887 亿元,利润达到 180 亿元,同比增长 20%,线上交易额 1577 亿元,同比增长 188%。世界权威市场调查机构欧睿国际(Euromonitor)发布的 2015 年全球大型家用电器调查数据显示,海尔大型家用电器 2015 年品牌零售量第七次蝉联全球第一。海尔已然成为全球白色家电行业领先者和规则制定者,全流程用户体验驱动的虚实网融合领先者,是互联网时代的世界级品牌。

在张瑞敏的带领下,海尔不仅成为白色家电的市场冠军,还建立了强大的品牌资产，在多个领域获得了大大小小无数的奖项与荣誉。

2016年，在被誉为"设计界奥斯卡"的IF国际设计奖中，海尔成功斩获三项大奖；2015年，海尔再次荣获由国家民政部颁发的"中华慈善奖"，以表彰海尔集团自1995年开始的"海尔希望小学援建项目"；2015年，海尔被授予中国企业文化建设10强和中国轻工业管理创新大奖。

无论是荣誉还是市场成就，海尔都向我们展示了一个行业领袖、品牌冠军的荣耀和努力。相信海尔必将为实现企业美好的愿景和使命创新不止。

场景商业四部曲

场景方法论

畅销书,一部有系统理论支撑、科学方法论指导的场景营销工具书,揭示了消费者主权时代产品畅销、长销且给用户提供超爽体验的商业逻辑和实操方法。

作者结合20余年的一线操盘经验,以星光珠宝、华诗雅蒂、大悦城、海底捞等多家著名企业的实践为蓝本,为期望在场景营销上向纵深推进的企业和从业人士提供全面、扎实、科学的战略引领、战术总结、工具提炼和案例复盘。

场景化设计

畅销书,从原理、方法和实战3个维度全面讲解场景化设计,它将让我们在产品设计和运营的过程中真正理解并做到以用户为中心。场景化设计是以用户为中心的底层逻辑,以用户为中心是产品和运营的灵魂。

本书是作者超过15年的产品经验的总结,首先分析了用户场景和业务场景的要素和原理,然后总结了发现场景的4种方法、设计场景的4种方法、运营场景的3个步骤,以及场景化设计在电商和在线教育等典型商业场景中的应用。

引爆社群

超级畅销书,本书提出的"新4C法则"为社群时代的商业践行提供了一套科学的、有效的、闭环的方法论。"新4C法则"在各行各业被大量解读和应用,累积了越来越多的成功案例,被公认为是社群时代通用的方法论。获得CCTV、京东、中国电子商会、《清华管理评论》、罗辑思维、溪山读书会、等大量知名媒体和机构的推荐,还成为多家商学院的教材。

感性商业

基于用户体验的创新管理思潮已经站在了商业舞台的中央,这是一部从企业管理、创新、经营3个维度系统化讲解用户体验如何为业务增长赋能的著作。

作者结合自己近10年来为数十家世界500强企业服务的经验,创新性地提出了"体验经济的内核是感性商业观"的观点,同时创造性地总结出了一套科学的体验管理理论体系"X.BUSINESS"。

用户运营四部曲

种子用户方法论

种子用户是创新、转型、新产品的灵魂！如何让创新可控，如何让新产品风靡，这本书给出了方法论。

本书在研究了跨越百年、涵盖近20个产业的创新、新产品的基础上，进一步追踪了人工智能、区块链、IoT时代，各类组织应用种子用户方法论及其工具进行的创新项目，针对"创新可控、新品风靡"给出了寻找和培养种子用户的具体行动步骤，帮助个人及组织实现从红海向蓝海的跨越。

用户运营方法论

百度资深产品和运营专家10余年经验总结，凝聚百度、小米、猫扑用户运营思想与方法精髓。

产品和运营双重视角，从9个维度全面讲解用户运营思维、方法、技巧，带你快速从新人到行家。

用户画像

超级畅销书，用户画像领域的标杆著作。

从技术、产品和运营3个角度讲解如何从0到1构建用户画像系统，同时它还为如何利用用户画像系统驱动企业的营收增长给出了解决方案。

用户增长方法论

这是一部体系化的讲解用户增长方法论的畅销书，战略层面讲解了用户增长的思维和方法，战术层面讲解了用户增长的执行要点和实战经验。

是作者10余年来在腾讯、百度和阿里从事用户增长工作的经验总结，得到了百度、腾讯、阿里、滴滴等10余家互联网企业的用户增长专家的一致好评和推荐。